IA
Y GENERACIÓN DE TEXTO

Comprender y dominar
ChatGPT, Gemini, Perplexity, Mistral, Claude

Mickaël BERTOLLA

ISBN: 978-2-409-05159-3
Edición original: 978-2-409-04784-8

Ediciones ENI

P° Ferrocarriles Catalanes, 97-117, 2a pl. of. 18
08940 - Cornellà de Llobregat (Barcelona)

Tel: 934 246 401
Fax: 934 231 576

e-mail: info@ediciones-eni.com
http://www.ediciones-eni.com

Autor: Mickaël Bertolla
Edición española: Stéphanie Milian
Colección **Objetivo: Soluciones** dirigida por Corinne Hervo

Para poder acceder durante un año
a la versión online de este libro,
envíenos su justificante de compra a

librodigital@ediciones-eni.com

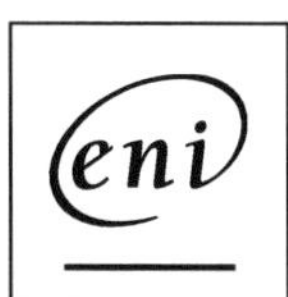

Estamos en la cúspide de una revolución tecnológica que está transformando radicalmente nuestra forma de interactuar con la información y crear contenidos. Modelos lingüísticos avanzados como ChatGPT, Gemini, Mistral, Perplexity y Claude están redefiniendo los límites de la inteligencia artificial, ofreciendo posibilidades que parecían de ciencia ficción hace tan solo unos años.

En los últimos dos años, he pasado cientos de horas explorando estas herramientas de IA, aprendiendo de mis experiencias y perfeccionando constantemente mis técnicas para utilizarlas. Lo que he descubierto es asombroso: estos asistentes de IA tienen el potencial de simplificar drásticamente nuestra vida cotidiana, impulsar nuestra productividad y estimular nuestra creatividad de formas sin precedentes.

El impacto de estas tecnologías es tan profundo que puede que se encuentre, como yo, abandonando poco a poco los motores de búsqueda tradicionales. Ya sea para encontrar una receta con los ingredientes disponibles en su nevera, generar ideas originales para regalos o explorar nuevas oportunidades de negocio, estos asistentes de IA ofrecen respuestas más completas, personalizadas y eficaces que nunca.

Vivimos un periodo de transición comparable a la llegada de Internet. Está claro que habrá un antes y un después en la forma en que procesamos la información, resolvemos problemas y creamos contenidos.

Este libro está diseñado para guiarle a través de esta nueva era de mensajes de texto automatizados. Exploraremos en profundidad las capacidades únicas de cada plataforma - ChatGPT, Gemini, Mistral, Perplexity y Claude - destacando sus respectivos puntos fuertes y las mejores formas de utilizarlas.

Más que una colección de prompts y consejos, este libro pretende darle las claves para dominar el arte de la ingeniería de prompts. Aprenderá a formular sus peticiones de la mejor manera posible, a explotar todo el potencial de estas IA y a integrarlas eficazmente en su vida personal y profesional.

Las aplicaciones de estas tecnologías son amplias y variadas: desde la automatización del servicio de atención al cliente y la creación artística hasta la asistencia médica y las recomendaciones personalizadas de productos. Exploraremos estas y otras muchas posibilidades, ofreciéndole una visión completa de las oportunidades que ofrece esta revolución tecnológica.

Embarquemos juntos en esta aventura y descubramos cómo estos asistentes de IA pueden transformar nuestra forma de trabajar, crear e interactuar con el mundo que nos rodea.

Introducción

Parte 1: Fundamentos y evolución

Capítulo 1-1
Introducción a la inteligencia artificial generativa

A. Introducción ... 11
B. Historia de la IA generativa ... 11
  1. Los primeros conceptos y algoritmos ... 11
  2. Avances en redes neuronales en la década 2010 ... 12
  3. El prometedor auge de los modelos transformadores (Transformers) ... 15
C. Principios de funcionamiento de los modelos de lenguaje ... 16
  1. Large Language Models (LLM) ... 16
  2. Panorama actual de la IA generativa ... 19

Capítulo 1-2
Los pioneros de la IA generativa

A. Estudios de caso: proyectos innovadores ... 25
  1. DALL-E y la generación de imágenes ... 25
  2. Mistral y la evolución de los modelos open source ... 25
  3. MusicLM y la generación de música ... 26
B. Empresas líderes en innovación hoy en día ... 26
  1. Arte y creatividad ... 26
  2. Desarrollo de software ... 27
  3. Marketing y redacción ... 27
  4. Industria y diseño ... 27
  5. Investigación científica ... 27
  6. Síntesis vocal ... 27
  7. Creación de presentaciones ... 28
  8. Asistencia a la redacción ... 28

Capítulo 1-3
El avance de los modelos GPT y sus alternativas

A. De GPT a GPT-4o mini: evolución e innovaciones ... 31
  1. GPT (2018): el modelo inicial de la serie ... 31
  2. GPT-2 (2019): un gran avance en la generación de texto ... 32

3. GPT-3 (2020): el inicio de la popularidad . . . 33
4. GPT-3.5 (2022): el gran público . . . 33
5. GPT-4 (2023): un gran avance con respecto a GPT-3.5 . . . 35
6. GPT-4 Turbo (noviembre 2023): una versión mejorada de GPT-4 . . . 40
   a. Capacidades mejoradas . . . 40
   b. Funcionalidades multimodales . . . 40
   c. Optimización y accesibilidad . . . 40
   d. Disponibilidad y aplicaciones . . . 40
7. GPT-4o (mayo 2024): omni = multimodal . . . 41
   a. Una revolución multimodal . . . 41
   b. Un políglota digital . . . 41
   c. Eficacia y accesibilidad . . . 41
   d. Un cerebro artificial expansivo . . . 43
   e. Hacia una IA omnipresente . . . 43
8. GPT-4o mini (mayo 2024): una versión ligera de GPT-4o . . . 44

B. Gemini: el gigante Google sorprende . . . 46
1. Gemini 1.0 . . . 46
   a. Gemini Nano: el compañero de bolsillo . . . 47
   b. Gemini Pro: el polivalente . . . 47
   c. Gemini Ultra: el titán . . . 48
2. Gemini 1.5 . . . 48
   a. Gemini 1.5 Pro: el buque insignia de la nueva generación . . . 48
   b. Gemini 1.5 Flash: la velocidad al servicio de la eficacia . . . 48
   c. Gemini 1.5 Flash-8B: más compacto . . . 49

C. Perplexity: lo mejor para la investigación . . . 51
1. Funciones principales . . . 52
2. Accesibilidad y versiones . . . 53
3. Perplexity Pages . . . 53
4. Funcionamiento . . . 53

D. Mistral: la IA francesa muy eficaz . . . 54
1. Mistral 7B . . . 54
2. Mixtral 8x7B . . . 55
3. Mistral Large . . . 56
4. Codestral . . . 57
5. Mixtral 8x22B . . . 58
6. Mistral Large 2 . . . 59

E. ¡El Chat de Mistral se convierte en la mejor IA gratuita! . . . 60

F. Claude: el nuevo campeón de los benchmarks . . . 63
1. Claude 3 . . . 63
2. Claude 3.5 . . . 64
3. Los Artifacts . . . 67
4. Algunos puntos claves sobre los Artifacts de Claude . . . 67
G. El Playground de OpenAI . . . 68
1. Los nuevos parámetros . . . 69
2. Qué puede hacer con Playground . . . 71
3. Evitar la detección de IA . . . 72
4. El modo Playground . . . 72
5. El modo Assistant . . . 73
6. GPT para Sheets y Docs . . . 74
H. Comparativa de todas estas IA . . . 75
1. Para particulares . . . 75
2. Para empresas . . . 75
a. Calidad de los modelos . . . 75
b. Modelos con el mejor precio . . . 76
c. Conclusión . . . 77

Capítulo 1-4
Casos prácticos y Prompt Engineering

A. ¡Instalemos estas IA y juguemos con ellas! . . . 81
1. Empezar con ChatGPT . . . 81
2. Práctica . . . 86
3. Consejos y trucos . . . 90
4. Algunos ejemplos destacados para motivarse . . . 91
a. Recomendaciones de productos . . . 91
b. Tutor personal . . . 92
c. Sugerencias de recetas . . . 93
d. Coach . . . 93
e. Programación . . . 93
f. Apoyo para la salud mental . . . 93
g. Entretenimiento . . . 94
h. Resumir un libro . . . 94
i. Desarrollar su presencia en las redes sociales . . . 94
j. Crear un plan de comidas o un programa de dieta . . . 94
k. Brainstorming de nombres para empresas . . . 94
l. Encontrar ideas para regalos . . . 95
m. Criticar su escritura . . . 95

n. Jugar a juegos ... 95
o. Composición musical ... 96
p. Preparar un viaje ... 96
q. Pregúntele cómo ganar dinero ... 96
r. Tl;dr ... 97
s. Tabla con películas ... 98
5. Algunos consejos para que sus prompts sean claros ... 99
6. Problemas técnicos ... 99
B. El prompt engineering (o cómo comunicarse con la IA) ... 100
1. ¿Qué es y cómo funciona? ... 100
2. Ingeniería de prompts para todas las IAG de texto ... 100
a. Algunos buenos y malos ejemplos ... 100
3. Learnprompting.org ... 103
4. Use las comunidades de Discord si se bloquea ... 104
a. Obtenga feedback sobre sus prompts ... 105
b. Conozca a personas que comparten sus intereses ... 105
5. También puede utilizar los foros de OpenAI o hacer una formación ... 107
6. Los prompts «Actúa como» = «Act as» ... 108
7. Generador de prompts ChatGPT ... 111

Parte 2: Aplicaciones

Capítulo 2-1
Revolución en la creación de contenidos
A. Introducción ... 115
B. IA escritura y periodismo asistido por IA ... 115
1. Redacción de artículos de prensa ... 115
2. Redacción de un ensayo (no recomendado para los estudiantes) ... 116
3. Creación de contenidos para blogs ... 117
4. Creación de historias ... 117
5. Asistencia en la redacción de tesis ... 118
C. Arte, entretenimiento y creatividad ... 118
1. Escritura de guiones y diálogos para cine y televisión ... 118
2. Creación de letras de canciones y poesía ... 119
3. Diseño de videojuegos y narración interactiva ... 119

D. Publicidad y marketing 120
1. Campañas publicitarias dirigidas 120
2. Estrategias de contenido y storytelling de marca 120
E. Redacción profesional 121
1. Creación simplificada de actas 121
2. Marketing: redactar mails en un solo clic 121
3. RRHH: crear una oferta de empleo con ChatGPT 122
4. Inmobiliaria: analizar propiedades en Excel con ChatGPT 122
5. Finanzas: analizar documentos de más de cien páginas con Gemini 123
6. Algunos prompts adicionales 123
a. Traducir idiomas 123
b. Redactar una carta jurídica 123
c. Redactar un discurso de boda para el testigo 123
d. Crear un guion para un vídeo de YouTube 123
e. Redactar una carta de presentación para un puesto de trabajo 123
f. Enviar un texto informal a un amigo 124
g. Escribir un a opinión cliente 124

Capítulo 2-2

Implicaciones educativas y académicas

A. Introducción 127
B. IA en el aprendizaje y la educación 127
1. Equidad y accesibilidad 127
2. Apoyo a los docentes 128
3. Desarrollo de competencias futuras 128
C. Investigación y desarrollo asistidos por IA 128
1. Aceleración del descubrimiento de fármacos 128
2. Avances en física y astronomía 128
3. Retos y preocupaciones de la IA en investigación y desarrollo 129
4. El futuro de la investigación y el desarrollo mediante la IA 129

Parte 3: Técnicas avanzadas

Capítulo 3-1
Dominar las IAs generativas

A. Personalizar las IAs generativas de texto 133
1. ChatGPT 133
2. Perplexity 140
a. Características principales 140
b. ¿Cómo usar Perplexity? 140
c. ¿Cómo personalizar sus búsquedas? 141
3. Gemini 146
a. Crear «Gems» personalizados 147
b. Definir las instrucciones del sistema 148
4. Claude 148
5. Groq 149
B. Buenas prácticas y límites de uso 150
1. Buenas prácticas para el uso como individuo de la IA generativa 150
2. Buenas prácticas para el uso de la IA generativa en empresa 151
3. Límites de uso 153
C. Utilizar plug-ins para ir más allá 154
1. Merlin 156
2. Text Blaze 157
3. ChatGPT for Google: una respuesta de GPT para búsquedas en Google 158
4. Grammarly 160
5. Perplexity – AI Companion 161
6. AIPRM: el mejor gestor de prompt 162
7. Superpower ChatGPT: GPT bajo esteroides 163

Capítulo 3-2
Avances tecnológicos y futuro de la IA

A. Introducción 167
B. Nuevas fronteras: IA e interdisciplinariedad 167
1. Ciencia e investigación 167
a. La IA en matemáticas 167
b. La IA en física teórica 168
2. La IA en biología y medicina 168
3. La IA en climatología 169
4. La IA para la industria y la economía 171

5. La IA para la educación 172
C. Los GPTs o agentes 174
1. Los GPTs 174
2. Cree sus propios GPTs 177
3. Usar varios GPT simultáneamente 184
4. Conclusión 186
D. Usar las IA de texto con otras aplicaciones 187
1. Midjourney 187
2. Excel 192
3. Word 193
4. PowerPoint 195
5. Más ejemplos 196

Capítulo 3-3
Desafíos éticos y sociales

A. Introducción 201
B. Cuestiones éticas y sesgos 201
C. IA generativa y legislación 202
1. Un caso interesante 203
D. Mi visión del futuro: tendencias y predicciones 204
1. La IA como nueva norma 204
2. Aceleración del desarrollo tecnológico y económico 204
3. Impacto en el mercado laboral 205
4. Desafíos y oportunidades para otras naciones 205
5. Superentretenimiento al alcance de la mano 205
6. Un futuro preocupante 206

Capítulo 3-4
Síntesis y perspectivas

A. Introducción 211
B. Resumen de las aportaciones clave 211
1. Perspectivas futuras 212
a. Nuevas fronteras 212
b. IA generativa personalizada 212
c. Ética y regulación 213
d. Innovación continua 213

C. Perspectivas. 214
1. Un servicio de atención al cliente mejorado 214
2. Desempleo masivo 215
3. Preocupaciones sobre la privacidad 215
4. Sesgos algorítmicos 215
5. Mejora de los servicios sanitarios mediante chatbots. 216
6. Nuevas herramientas por venir 216

Capítulo 3-5
Referencias y recursos

A. Referencias 221
1. ChatGPT 221
2. Gemini 222
3. Mistral 223
4. Perplexity. 223
5. Claude 223
B. Recursos. 224
1. Mis enlaces 224
2. GitHub 224
3. Prompt Engineering. 224
4. Enlaces de descarga 224
5. Enlaces OpenAI 225
6. Enlaces Gemini 225
7. Enlaces Mistral 225
8. Enlaces Perplexity 225
9. Enlaces Claude 225
10. External Softwares Links 225
11. Otros sitios 226

Conclusión. 231
Agradecimientos. 233

Índice 235

Parte 1: Fundamentos y evolución

Capítulo 1-1
Introducción a la inteligencia artificial generativa

A. Introducción 11
B. Historia de la IA generativa. 11
C. Principios de funcionamiento de los modelos de lenguaje. 16

A. Introducción

Advertencia: este capítulo puede resultar algo complejo para los neófitos en IA. No es necesario dominar la IA generativa, pero no por ello es menos importante, sobre todo para entender lo que ocurre detrás de la interfaz de diálogo. Para los que quieran empezar a practicar de inmediato, les recomiendo que vayan directamente al capítulo El avance de los modelos GPT y sus alternativas y volver después a este cuando tengan más experiencia.

B. Historia de la IA generativa

1. Los primeros conceptos y algoritmos

Los primeros conceptos de inteligencia artificial se remontan a la primera mitad del siglo XX, cuando científicos y pensadores empezaron a imaginar máquinas capaces de pensar y aprender como los seres humanos. Los trabajos de Alan Turing, en particular, sentaron las bases teóricas de la IA con su concepto de "máquina universal" y el famoso "test de Turing", que sigue siendo hoy una referencia para evaluar la inteligencia de las máquinas.

Los primeros intentos concretos de crear algoritmos inteligentes tomaron forma en la década de 1950. Uno de los proyectos pioneros más significativos fue el trabajo de Arthur Samuel sobre las damas, en el que desarrolló la idea del aprendizaje automático por autosuperación. Este proyecto demostró que las máquinas no solo podían seguir un conjunto de reglas preestablecidas, sino que también podían aprender y evolucionar a partir de sus propias experiencias.

Otro hito en este campo es el programa ELIZA, diseñado por Joseph Weizenbaum en el MIT en los años sesenta. ELIZA era un chatbot primitivo capaz de simular una conversación humana siguiendo un guion definido. Aunque en realidad no entendía las conversaciones, demostró cómo unas reglas sencillas podían crear una interacción aparentemente inteligente.

Actualmente, muchos chatbots se basan en este principio, incluso en los sitios web de grandes grupos...

Paralelamente a estos esfuerzos programáticos, la teoría de los autómatas celulares propuesta por John von Neumann introdujo la posibilidad de sistemas capaces de autorreplicarse y ejecutar tareas complejas mediante reglas locales sencillas. Estos autómatas representaron una primera aproximación a la comprensión del comportamiento emergente a partir de algoritmos básicos y repetitivos.

En los años siguientes, la aparición y mejora continua de los ordenadores permitió desarrollar redes neuronales artificiales simplistas inspiradas en el cerebro humano. Sin embargo, estos modelos estaban limitados por la tecnología disponible en la época y su rendimiento era mucho menor que el de sus homólogos biológicos.

A finales de los ochenta y principios de los noventa, con el espectacular crecimiento de la potencia de cálculo y la aparición de nuevas teorías algorítmicas como el aprendizaje supervisado y no supervisado, los investigadores empezaron a vislumbrar un futuro en el que las máquinas no solo podrían ayudar, sino superar ciertas capacidades humanas en diversas tareas cognitivas.

Así, aunque rudimentarios en comparación con las tecnologías actuales, estos antiguos conceptos y algoritmos siguen influyendo en los desarrollos actuales de la inteligencia artificial. Su evolución marca una transición hacia modelos de IA capaces de un rendimiento sobrehumano en una amplia gama de aplicaciones complejas.

2. Avances en redes neuronales en la década 2010

La década de 2010 marcó un período esencial y transformador para las redes neuronales artificiales, impulsado por una serie de importantes avances tecnológicos y teóricos. Estos avances han permitido a la inteligencia artificial pasar de un ámbito principalmente teórico a potentes aplicaciones prácticas.

Una de las innovaciones clave de esta década fue la adopción y el perfeccionamiento de las técnicas de deep learning (aprendizaje profundo). A diferencia de los enfoques tradicionales de redes neuronales monocapa o poco profundas, el deep learning explota redes neuronales multicapa. Estas redes se conocen como "redes neuronales convolucionales" (CNN) para la visión por ordenador y "redes neuronales recurrentes" (RNN) para el procesamiento del lenguaje natural y las series temporales. El modelo arborescente de estas redes permite extraer automáticamente características complejas directamente de los datos brutos, lo que hace que los algoritmos sean mucho más eficaces y precisos.

La imagen siguiente ilustra con precisión esta arquitectura de red neuronal multicapa. Cada capa de neuronas está interconectada con la siguiente, formando una estructura jerárquica que capta características cada vez más abstractas de los datos a medida que la información avanza por las capas. Esta arquitectura es esencial para el aprendizaje profundo porque permite modelar relaciones complejas en los datos, algo fundamental para aplicaciones como el reconocimiento de imágenes, la comprensión del lenguaje natural y la predicción de series temporales.

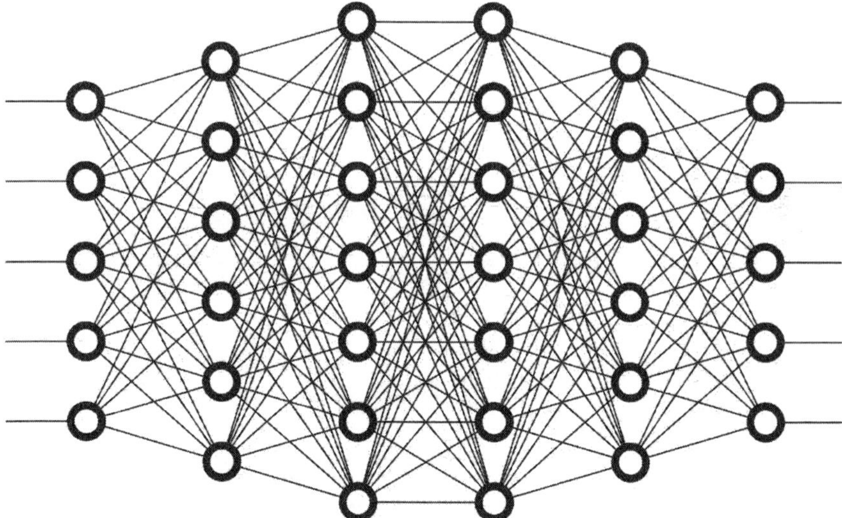

Otro factor determinante ha sido el mayor acceso a grandes cantidades de datos, a menudo denominados "Big Data". Las redes neuronales prosperan en los vastos conjuntos de datos anidados en nuestro creciente mundo digital. Recursos gigantescos como ImageNet, una base de datos de imágenes utilizadas para la visión por ordenador, han proporcionado volúmenes masivos de entrenamiento que permiten a los modelos aprender con mucho más detalle.

Al mismo tiempo, la fulgurante mejora del hardware informático ha contribuido enormemente. Las GPU («*Graphics Processing Units*» o unidades de procesamiento gráfico), originalmente diseñadas para videojuegos, han demostrado ser perfectamente adecuadas para ejecutar los cálculos paralelos intensivos que requiere el aprendizaje profundo. Esta mayor capacidad ha permitido entrenar modelos mucho más grandes y sofisticados en un tiempo récord.

Durante este periodo destacaron varias arquitecturas específicas:

- **La red convolucional (CNN)**: las CNN se han vuelto indispensables para tareas de visión por ordenador como el reconocimiento de objetos y el análisis semántico de imágenes. Arquitecturas famosas como AlexNet (que dominó ampliamente el concurso ImageNet en 2012), VGGNet y ResNet han superado los límites anteriores en términos de rendimiento y eficiencia.
- **Redes neuronales recurrentes (RNN) y LSTM**: para el Procesamiento del Lenguaje Natural (PLN), las RNN capaces de integrar memoria y secuencias temporales han demostrado ser vitales. Sus variantes mejoradas, como las LSTM (*Long Short-Term Memory*), pueden captar dependencias a largo plazo en secuencias de texto o audio.

Más allá de estos modelos bien establecidos, se produjo un importante avance teórico con la introducción del Transformer por Vaswani et al. en 2017. El Transformer cambió bruscamente el panorama de la PNL al eliminar la recurrencia en favor de un mecanismo llamado "atención" que permite acceder de forma eficiente a todas las partes de una secuencia de entrada simultáneamente en lugar de paso a paso.

Estas innovaciones teóricas combinadas con continuas mejoras en la capacidad computacional llevaron rápidamente al desarrollo de modelos masivos como BERT (*Bidirectional Encoder Representations from Transformers*) en 2019 y más tarde GPT-3 lanzado por OpenAI que contiene 175 mil millones de neuronas.

GPT-3 ha demostrado una capacidad asombrosa para generar textos coherentes, traducir idiomas, responder preguntas e incluso producir contenidos creativos.

La convergencia de estos elementos (técnicas avanzadas de deep learning, abundancia de datos, mayor potencia informática e innovación arquitectónica) permitió a las redes neuronales alcanzar niveles de rendimiento nunca vistos en la década de 2010. Estos avances contribuyeron a que la inteligencia artificial pasase de ser una curiosidad científica a una fuerza motriz transformadora en diversos sectores, desde la sanidad y las tecnologías financieras hasta la creación artística.

3. El prometedor auge de los modelos transformadores (Transformers)

El auge de los modelos transformadores supuso un avance significativo en el campo de la inteligencia artificial, sobre todo en el procesamiento del lenguaje natural (PLN) y otras tareas secuenciales. Introducido por el artículo "*Attention is All You Need*" de Vaswani et al. en 2017, el modelo Transformador (Transformer) cambió radicalmente la metodología y las capacidades de los sistemas de IA.

Estas son algunas de las características clave de la arquitectura Transformer:

1. **Mecanismo de atención multicabezal**: este componente permite al modelo centrarse simultáneamente en distintas partes de la secuencia de entrada utilizando varios cabezales de atención que funcionan en paralelo. Esto ayuda a captar las distintas formas en que las palabras pueden interactuar entre sí en diferentes contextos.

2. **Codificación-decodificación** (*encoder-decoder*): la estructura de los Transformers se divide generalmente en dos bloques principales: un codificador que transforma la secuencia de entrada en una representación contextual intermedia, y un decodificador que toma esta representación para generar la secuencia de salida.

3. **Incrustación de posición**: para superar la falta de orden lineal inherente a la atención global, los Transformers también incrustan información posicional en sus representaciones.

El enorme potencial y versatilidad de los transformadores quedó rápidamente demostrado con una serie de aplicaciones concretas:

BERT (*Bidirectional Encoder Representations from Transformers*): lanzado por Google Research en 2018, BERT incorpora una arquitectura bidireccional, lo que significa que considera tanto el contexto izquierdo como el derecho de cada palabra de una frase para obtener una comprensión más rica de los significados implícitos. Esta incorporación ha permitido a BERT realizar avances notables en varias pruebas de referencia de PNL.

Durante mis estudios en la Escuela de Minas, mi primer proyecto de inteligencia artificial consistió en trabajar en BERT para realizar un análisis de sentimientos sobre comentarios de YouTube.

GPT (*Generative Pre-trained Transformer*): desarrollado por OpenAI, las sucesivas versiones de GPT (de GPT-1 a GPT-4o) demuestran la increíble capacidad de estos Transformers para generar un lenguaje natural fluido y coherente basándose únicamente en grandes cantidades de texto plano preentrenado, seguido de un ajuste fino en tareas específicas.

T5 (*Text-to-Text Transfer Transformer*): esta otra arquitectura, desarrollada por Google, aborda todas las tareas de procesamiento del lenguaje natural (PLN) como problemas de transformación de texto a texto. Este enfoque unifica varias tareas bajo una arquitectura simplificada, lo que aumenta considerablemente la flexibilidad y modularidad de los modelos basados en Transformer.

C. Principios de funcionamiento de los modelos de lenguaje

1. Large Language Models (LLM)

Los grandes modelos lingüísticos o *Large Language Models* (LLM) se basan en una arquitectura específica: la del transformador, como hemos visto antes. Los LLM son herramientas de inteligencia artificial diseñadas para comprender y generar lenguaje humano. Son entrenados con grandes cantidades de datos textuales de Internet, utilizando técnicas de aprendizaje profundo como las implementadas en modelos como GPT.

Tomemos un ejemplo sencillo para ilustrar este poder: en la frase "El gato que duerme en el sofá es negro", un modelo tradicional podría haber tenido dificultades para relacionar la palabra "negro" con "gato" y no con "sofá". Gracias al mecanismo de atención del Transformer, el modelo puede establecer fácilmente esta relación, identificando que "negro" describe efectivamente a "gato", aunque las dos palabras no sean adyacentes. Esta capacidad para captar dependencias complejas en una frase hace que los Transformers sean especialmente eficaces para comprender el contexto y los matices del lenguaje.

El proceso de aprendizaje se desarrolla en dos etapas: un preentrenamiento sobre una amplia gama de textos, seguido de un perfeccionamiento sobre datos más específicos. Este enfoque permite a los LLM comprender el contexto y generar respuestas coherentes a diversas preguntas. Los LLM tienen un impacto significativo en el mundo empresarial, sobre todo en la atención al cliente, la redacción de documentos y la provisión de soluciones personalizadas.

Una vez entrenados, estos modelos se convierten en potentes generadores de texto, capaces de producir frases coherentes y pertinentes en respuesta a un mensaje inicial. Imaginemos que el modelo recibe el comienzo de la frase "La capital de Francia es". Basándose en la inmensa cantidad de datos que ha integrado, lo más probable es que el modelo complete la frase con "París". Este proceso de generación se basa en la predicción de las palabras más probables a partir del contexto proporcionado.

Las capacidades de los LLM abren un amplio abanico de aplicaciones prácticas. En el campo de la traducción automática, por ejemplo, modelos como GPT-3 pueden traducir textos entre distintos idiomas con gran precisión, rivalizando a veces con los traductores humanos. También se utilizan para resumir textos complejos, condensando largos artículos en unas pocas frases clave, lo que resulta especialmente útil para el control de la información o la investigación documental.

Los LLM también pueden escribir artículos, guiones e incluso poesía a la carta, lo que los convierte en herramientas inestimables para los creadores de contenidos. En el campo de la programación, herramientas como GitHub Copilot aprovechan los LLM para sugerir código a los desarrolladores, facilitando el proceso de desarrollo de software.

Actualmente, las dos familias de grandes modelos lingüísticos (LLM) que son centro de atención son LLaMA (*Large Language Model Meta AI*) y Mistral. LLaMA, desarrollado por Meta (antes Facebook), es una serie de modelos lingüísticos diseñados para ser más pequeños y eficientes, manteniendo al mismo tiempo un alto rendimiento. Mistral, por su parte, es una nueva familia de LLM centrada en la eficiencia y el rendimiento, desarrollada por una start-up francesa del mismo nombre. Estas dos familias de modelos representan enfoques avanzados y de alto rendimiento para el procesamiento del lenguaje natural.

LLaMA, desarrollado por Meta

Mixtral 8x7B, desarrollado por Mistral

A pesar de sus capacidades, los LLM no están libres de defectos. A veces pueden generar información inexacta o sesgada, reflejando los sesgos presentes en sus datos de entrenamiento. Esto plantea preocupaciones éticas, ya que es muy importante garantizar que los modelos no perpetúen o amplifiquen estereotipos o errores.? Además, el entrenamiento y despliegue de estos modelos requiere una enorme cantidad de recursos computacionales, lo que plantea cuestiones medioambientales sobre su coste energético.

Una búsqueda en Google produce una media de 7 g de CO2, mientras que una búsqueda por IA puede emitir entre 2 g y 70 g, dependiendo de su complejidad.

2. Panorama actual de la IA generativa

La inteligencia artificial generativa (IAG) ha hecho avances espectaculares en los últimos años, transformando radicalmente nuestra capacidad de creación en diversos campos. Hoy en día, las IAG destacan en la generación de texto, audio, imágenes e incluso vídeo, ampliando constantemente los límites de lo que es posible en la creación asistida por ordenador.

IAG de texto

En el campo del texto, modelos como el GPT-4o de OpenAI han alcanzado niveles de rendimiento asombrosos. Estos sistemas son capaces de generar textos coherentes y sensibles al contexto sobre prácticamente cualquier tema (tendrá ocasión de comprobarlo más adelante). Su capacidad para comprender y producir lenguaje natural los hace útiles para una gran variedad de tareas, desde la traducción automática hasta la generación de código informático.

IAG de audio

Las IAG de audio también han avanzado mucho. Modelos como Elevenlabs pueden generar voces sintéticas prácticamente indistinguibles de las humanas. Estas tecnologías están encontrando aplicaciones en la creación de audiolibros, la síntesis de voz para asistentes virtuales e incluso en la composición musical, donde IA como Suno pueden crear piezas originales de diversos estilos.

- Puede probar mi favorito de generación de audio muy fácilmente: https://elevenlabs.io/
- Para crear su propio sonido en cinco minutos: https://suno.com/

IAG de imagen

En el ámbito visual, modelos como DALL-E 3 y Midjourney han cambiado la forma en que los profesionales crean imágenes. Estas IA pueden generar imágenes detalladas a partir de simples descripciones de texto, lo que abre nuevas posibilidades a artistas, diseñadores y creadores de contenidos.

Aquí tiene algunas imágenes generadas en Midjourney para que se haga una idea de la calidad (los originales son en color):

Página de inicio de Midjourney

IAG de vídeo

Por último, la IAG de vídeo representa la frontera más reciente y quizá la más emocionante. Modelos como Runway ML pueden generar secuencias cortas de vídeo a partir de indicaciones de texto o imágenes fijas. Aunque esta tecnología aún está en fase de desarrollo, promete transformar la industria de la producción de cine y vídeo, permitiendo la creación de contenidos visuales dinámicos con una facilidad sin precedentes.

Una vez más, es de esperar un efecto «wow» cuando vaya aquí:
https://openai.com/index/sora/

Aclaro, porque habrá quien no se lo crea: todos los vídeos del sitio han sido generados por Sora, la IA generadora de vídeos de OpenAI (¡ellos otra vez!)

Ahora que hemos descubierto cómo funcionan los modelos de lengua y hemos examinado el panorama actual de la IAG, echemos un vistazo a las personas que han dado forma a estas tecnologías. El camino recorrido en el campo de la IAG está marcado por las contribuciones de muchos protagonistas, cuyo trabajo allanó el camino para el desarrollo de los modelos que utilizamos hoy en día.

Así, en el capítulo Los pioneros de la IA generativa, nos detendremos en las figuras y proyectos emblemáticos que sentaron las bases de la inteligencia artificial generativa moderna. Estos pioneros no solo introdujeron conceptos, sino que permitieron la aparición de tecnologías que siguen transformando nuestro mundo.

Capítulo 1-2

Los pioneros de la IA generativa

A. Estudios de caso: proyectos innovadores 25
B. Empresas líderes en innovación hoy en día 26

A. Estudios de caso: proyectos innovadores

Aunque los avances teóricos y algorítmicos han sentado las bases de la IA generativa, muchos pioneros también han desarrollado proyectos concretos de aplicación de estos avances. He aquí algunos estudios de caso especialmente notables.

1. DALL-E y la generación de imágenes

En 2021, OpenAI presentó DALL-E, un modelo de lenguaje capaz de generar imágenes a partir de descripciones textuales. Este proyecto suscitó gran interés gracias a la calidad y diversidad de los resultados, demostrando el potencial de la IA para la creación visual.

DALL-E fue entrenado a partir de una gran colección de imágenes y textos, lo que le permitió aprender a asociar conceptos visuales con su representación textual. Esta proeza tecnológica abrió nuevas perspectivas para la automatización de la creación de imágenes.

2. Mistral y la evolución de los modelos open source

Siguiendo la estela de modelos como GPT-3, otro avance significativo ha venido de la mano de Mistral. Esta start-up ha adquirido notoriedad por desarrollar potentes modelos lingüísticos de open source que ofrecen alternativas eficaces a los modelos cerrados. Sus modelos están diseñados para combinar rendimiento y accesibilidad, satisfaciendo las necesidades de la comunidad de investigación y desarrollo a la vez que amplían los límites de la inteligencia artificial generativa.

A diferencia de algunos gigantes que mantienen la propiedad de sus modelos, Mistral se ha comprometido a hacerlos accesibles a todo el mundo, fomentando así la innovación abierta. Estos modelos open source permiten a los usuarios adaptarlos e integrarlos en diversas aplicaciones, facilitando la expansión de la inteligencia artificial generativa en diversos sectores.

Este enfoque ha permitido a Mistral destacar en un panorama dominado por unos pocos grandes actores, ofreciendo una alternativa viable y flexible para quienes buscan explorar las posibilidades que ofrece la IA generativa.

3. MusicLM y la generación de música

Más recientemente, en 2023, Google presentó MusicLM, un modelo capaz de generar música a partir de descripciones de texto. Este proyecto supuso un paso más en la extensión de las capacidades de la IA generativa a la creación musical.

MusicLM ha sido entrenado con un gran conjunto de música y metadatos asociados, lo que le ha permitido aprender a vincular conceptos musicales con su representación textual. Este avance abre el camino a nuevas posibilidades creativas, como la composición asistida por ordenador y la generación de música a medida.

B. Empresas líderes en innovación hoy en día

La IA generativa se utiliza actualmente en sectores muy diversos, desde la creación artística y la asistencia virtual hasta el diseño de productos y la investigación científica.

Mientras los pioneros sigan ampliando los límites de esta tecnología, la IA generativa promete transformar profundamente muchos aspectos de nuestra sociedad y economía en los próximos años.

La IA generativa ha dado lugar a numerosos proyectos innovadores en diversos campos.

1. Arte y creatividad

DALL-E y Midjourney

Estas herramientas de IA generativa han revolucionado la creación de imágenes. Pueden generar imágenes únicas y complejas a partir de simples descripciones de texto. Por ejemplo, un artista puede pedir "un elefante surfeando una ola al atardecer" y obtener la imagen correspondiente en cuestión de segundos. Estas tecnologías abren nuevas posibilidades a artistas, diseñadores y creativos en general.

Kling.ai

Kling.ai es un generador de vídeo basado en IA y desarrollado por Kuaishou, una empresa china. Destaca por su capacidad para producir vídeos de alta calidad de hasta dos minutos de duración, con una resolución de 1080p y 30 fotogramas por segundo. Basta con introducir la frase "Astronauta bailando en la luna con la Tierra de fondo" y Kling.ai generará un vídeo fluido y realista de esta escena surrealista. La fuerza de Kling.ai reside en su profundo conocimiento de la física y el movimiento, que le permite crear animaciones coherentes y naturales.

2. Desarrollo de software

GitHub Copilot

Este asistente de programación basado en IA generativa ayuda a los desarrolladores sugiriéndoles líneas de código o funciones completas y pudiendo escribirlas directamente en el editor, basándose en el contexto del proyecto.

3. Marketing y redacción

Jasper.ai

Esta plataforma utiliza IA generativa para crear contenidos de marketing personalizados. Puede generar entradas de blog, descripciones de productos o anuncios a partir de unas cuantas palabras clave proporcionadas por el usuario. Esto permite a los equipos de marketing producir rápidamente contenidos de calidad y optimizar sus campañas.

4. Industria y diseño

Autodesk Generative Design

En el campo de la ingeniería, este software utiliza la IA generativa para crear diseños optimizados. Especificando restricciones y objetivos (como peso, resistencia o coste), el sistema genera automáticamente cientos de diseños posibles. Este enfoque ha permitido a empresas como General Motors diseñar piezas de automóvil más ligeras y resistentes.

5. Investigación científica

AlphaFold

Desarrollado por DeepMind, AlphaFold utiliza IA generativa para predecir la estructura tridimensional de las proteínas a partir de su secuencia de aminoácidos. Este avance tiene importantes implicaciones para la biología y la medicina, ya que podría acelerar el descubrimiento de nuevos fármacos y la comprensión de determinadas enfermedades.

6. Síntesis vocal

ElevenLabs

ElevenLabs ofrece una tecnología puntera de conversión de texto a voz para crear voces artificiales extremadamente realistas. Esta plataforma ofrece la posibilidad de generar voces personalizadas a partir de una breve muestra de audio. Por ejemplo, un editor de podcasts puede utilizar ElevenLabs para crear una voz sintética para un narrador, a partir de tan solo unos minutos de grabación.

La calidad es tal, que la voz generada a menudo no se puede distinguir de una voz humana real. He intentado que personas cercanas a mí distingan entre lo real y lo falso y, por ejemplo, cuando la IA lee en voz alta secuencias de números, solo lo han conseguido en contadas ocasiones.

7. Creación de presentaciones

Gamma

Gamma cambia por completo el proceso de creación de presentaciones mediante el uso de IA generativa. Esta plataforma permite a los usuarios generar diapositivas completas, incluyendo el texto, imágenes y configuración, a partir de simples descripciones de texto. Puede pedir crear una presentación de diez diapositivas sobre "Las ventajas del trabajo a distancia", y la IA generará automáticamente una presentación profesional y visualmente atractiva. Gamma puede incluso adaptar el estilo y el tono de la presentación al público objetivo especificado.

8. Asistencia a la redacción

Noota

Utilizando tecnologías avanzadas de inteligencia artificial, Noota automatiza la toma de notas, la transcripción y el análisis de los debates de las reuniones. Esta automatización permite a los participantes concentrarse plenamente en los intercambios y las ideas, sin tener que preocuparse de la toma de notas manual. Noota genera transcripciones precisas y resúmenes claros, lo que facilita la revisión y el seguimiento de los puntos comentados.

Capítulo 1-3

El avance de los modelos GPT y sus alternativas

A. De GPT a GPT-4o mini: evolución e innovaciones 31
B. Gemini: el gigante Google sorprende 46
C. Perplexity: lo mejor para la investigación 51
D. Mistral: la IA francesa muy eficaz 54
E. ¡El Chat de Mistral se convierte en la mejor IA gratuita! 60
F. Claude: el nuevo campeón de los benchmarks 63
G. El Playground de OpenAI 68
H. Comparativa de todas estas IA 75

A. De GPT a GPT-4o mini: evolución e innovaciones

1. GPT (2018): el modelo inicial de la serie

El modelo GPT (*Generative Pre-trained Transformer*), introducido por OpenAI en 2018, marcó un hito en el campo de la inteligencia artificial y el procesamiento del lenguaje natural. Este modelo inicial sentó las bases de la generación de texto basada en redes neuronales, allanando el camino para una nueva era en la comprensión y producción automáticas del lenguaje.

Características principales de GPT:

- Arquitectura Transformer: GPT utilizó la arquitectura Transformer, desarrollada originalmente para la traducción automática, centrándose en la parte del descodificador. Este enfoque ha permitido captar mejor las dependencias a largo plazo en el texto.
- Preentrenamiento generativo: el modelo se ha preentrenado en un amplio conjunto de textos sin etiquetar, lo que le permite aprender las estructuras y patrones del lenguaje natural.
- Fine-tuning para tareas específicas: tras el preentrenamiento, GPT pudo perfeccionarse para diversas tareas de procesamiento del lenguaje natural, lo que demostró su gran versatilidad.
- 117 millones de parámetros: aunque modesto en comparación con los estándares actuales (los modelos van desde los 3000 millones para los más pequeños hasta más de 1 billón para los más grandes), este número de parámetros era considerable en aquel momento y ya permitía un rendimiento impresionante.
- Capacidad para generar texto coherente: GPT ha demostrado su capacidad para generar texto coherente y contextual, lo que abre la puerta a numerosas aplicaciones prácticas.

La introducción de GPT en 2018 sentó las bases para futuras iteraciones del modelo, cada una de las cuales aportó mejoras significativas en términos de tamaño, capacidades y rendimiento. Este modelo inicial demostró el potencial de los enfoques basados en el preentrenamiento a gran escala para las tareas de procesamiento del lenguaje natural, y fue el que influyó profundamente en el rumbo de la investigación en IA en los años siguientes.

2. GPT-2 (2019): un gran avance en la generación de texto

Este modelo, sucesor del GPT-1, se diseñó como una versión considerablemente ampliada de su predecesor, con un aumento espectacular del número de parámetros, que pasó a 1500 millones.

GPT-2 se entrenó con un amplio conjunto de datos denominado WebText, que incluye alrededor de 8 millones de páginas web. Esta enorme base de datos permitió al modelo adquirir una comprensión amplia y profunda del lenguaje natural, abarcando una gran variedad de estilos, temas y formatos.

Una de las características más destacadas de GPT-2 era su capacidad para generar texto coherente y contextual en pasajes largos, a veces difíciles de distinguir de un texto escrito por un humano. El modelo demostró capacidades sorprendentes en diversas tareas, como la generación de texto, la traducción, el resumen y la respuesta a preguntas, todo ello sin necesidad de fine-tuning específico para cada tarea.

El lanzamiento de GPT-2 fue gradual, ya que OpenAI optó por un enfoque de «publicación responsable». Inicialmente, solo se hizo pública una versión reducida del modelo, seguida de versiones cada vez más amplias a lo largo del tiempo. Esta decisión vino dada por la preocupación por los posibles usos maliciosos del modelo, como la generación de información falsa a gran escala.

El impacto de GPT-2 en la comunidad de la IA y más allá ha sido considerable. Ha suscitado debates sobre la ética de la IA, la posibilidad de desinformación a gran escala y las implicaciones de los modelos de lenguaje cada vez más potentes. A pesar de estas preocupaciones iniciales, los temores por un uso indebido generalizado no se han materializado, lo que llevó a la publicación completa del modelo en noviembre de 2019.

GPT-2 también allanó el camino para réplicas y adaptaciones por parte de la comunidad open source, demostrando así el poder de la colaboración y la innovación en el campo de la IA. Su éxito influyó directamente en el desarrollo de su sucesor, GPT-3, que amplió de nuevo los límites de lo que era posible con los modelos de lenguaje.

3. GPT-3 (2020): el inicio de la popularidad

GPT-3, lanzado por OpenAI el 28 de mayo de 2020, marcó un hito en la historia de los modelos de lenguaje. Este modelo sorprendió a la comunidad científica y tecnológica por su magnitud y sus capacidades sin precedentes.

Con sus 175 000 millones de parámetros, GPT-3 supuso un gran avance con respecto a su predecesor, GPT-2, que solo contaba con 1500 millones. Este enorme aumento del tamaño del modelo se tradujo en un rendimiento notable en diversas tareas lingüísticas, desde la generación de texto hasta la traducción, pasando por la respuesta a preguntas e incluso la generación de código informático.

Una de las características más impresionantes de GPT-3 era su capacidad de aprendizaje «few-shot» o «zero-shot». A diferencia de los modelos anteriores, que requerían un fine-tuning específico para cada tarea, GPT-3 con frecuencia podía realizar nuevas tareas con solo recibir algunos ejemplos o incluso una simple instrucción en lenguaje natural. Esta flexibilidad abrió el camino a numerosas aplicaciones innovadoras.

GPT-3 se entrenó con un conjunto de datos masivo, que incluía libros, artículos de Wikipedia y gran parte del contenido web accesible. Esta amplia base de conocimientos le permitió generar texto de una calidad y coherencia que a menudo no se distinguía de la escritura humana.

OpenAI decidió comercializar GPT-3 a través de una API, en lugar de publicar el modelo completo. Esta decisión suscitó debates sobre la accesibilidad y la ética de la IA, pero también permitió un despliegue controlado de esta potente tecnología.

El impacto de GPT-3 se dejó sentir mucho más allá de la comunidad de la IA, suscitando debates sobre el futuro del trabajo, la educación, la creatividad asistida por IA e incluso sobre la naturaleza de la inteligencia y la conciencia. GPT-3 también puso de relieve importantes cuestiones sobre los posibles sesgos en los modelos de IA y las implicaciones éticas de los sistemas capaces de generar contenido de forma autónoma.

4. GPT-3.5 (2022): el gran público

GPT-3.5, lanzado por OpenAI en 2022, representa una vez más una evolución significativa con respecto a su predecesor, GPT-3. Esta nueva versión aportó mejoras notables en términos de capacidades y eficiencia.

Presentado el 15 de marzo de 2022, GPT-3.5, inicialmente se implementó en forma de nuevas versiones de GPT-3 y Codex en la API de OpenAI, con capacidades de edición e inserción. Se dijo que estos modelos, denominados «text-davinci-002» y «code-davinci-002», eran más eficaces que las versiones anteriores y se entrenaron con datos que llegaban hasta junio de 2021.

Una característica clave de GPT-3.5 es su optimización para tareas conversacionales y de productividad. Esto permitió una interacción más natural y eficaz con el modelo, allanando el camino para aplicaciones más sofisticadas en áreas como el servicio de atención al cliente automatizado, la asistencia virtual y la generación de contenidos.

Fue entonces cuando pude probar GPT-3.5 por primera vez y me quedé impresionado por sus capacidades. La fluidez con la que generaba respuestas relevantes y contextualmente adecuadas era impresionante, e inmediatamente comprendí el enorme potencial de este modelo en diversos campos.

El 28 de noviembre de 2022, OpenAI presentó «text-davinci-003», una versión aún mejorada del modelo. Dos días después, el 30 de noviembre, la empresa comenzó a designar oficialmente estos modelos como pertenecientes a la serie «GPT-3.5». También en esa fecha, OpenAI lanzó ChatGPT, un modelo conversacional perfeccionado a partir de un modelo de la serie GPT-3.5.

GPT-3.5 se distingue por su capacidad para comprender y generar lenguaje natural o código de forma más matizada y contextual que sus predecesores. Ofrece una ventana de contexto de 4096 tokens para la mayoría de sus variantes, lo que permite procesar entradas más largas y generar respuestas más elaboradas.

La longitud en tokens es la memoria de la IA: 4096 tokens equivalen aproximadamente a 3000 palabras. Una vez superado este umbral, la IA pierde la memoria y es necesario recordarle elementos de la conversación.

Un aspecto importante de GPT-3.5 es la introducción de modelos especializados. Por ejemplo, el modelo «gpt-3.5-turbo» se optimió específicamente para aplicaciones de chat, lo que ofrece un equilibrio entre rendimiento y coste que lo ha hecho muy popular entre los desarrolladores.

La evolución de GPT-3.5 también vio la introducción de capacidades de navegación web con el modelo GPT-3.5 with Browsing (ALPHA), lanzado el 10 de abril de 2023. Esta versión permitió al modelo acceder a información en línea en tiempo real, mejorando así la precisión y la actualidad de sus respuestas.

5. GPT-4 (2023): un gran avance con respecto a GPT-3.5

La principal diferencia entre GPT-3.5 y GPT-4 radica en su capacidad para procesar tareas más complejas con mayor fiabilidad y creatividad. Para evaluar esta diferencia, OpenAI probó ambos modelos con una serie de criterios diseñados originalmente para seres humanos. Estos criterios son la simulación de exámenes para las Olimpiadas, Advanced Placement (AP), el examen de acceso a la abogacía (MBE+MEE+MPT), el Law School Admission Test (LSAT), el Graduate Record Examination (GRE), USABO Semifinal 2020, Codeforces Rating, SAT Evidence-Based Reading & Writing, SAT Math, AP Art History, AP Biology, AP Calculus BC, etc.

Lo que destaca es que GPT-4 superó a GPT-3.5 en todos estos criterios, además, con puntuaciones que se situaron entre el top 10 % y el percentil 99-100. Además, superó a otros grandes modelos de lenguaje y a la mayoría de los modelos punteros que pueden estar especializados para un criterio específico o que se han beneficiado de protocolos de entrenamiento adicionales.

En este caso, OpenAI comparó los dos modelos con estudiantes que se presentan a exámenes. Cuanto más se acerca la barra al 100 %, más ha superado el modelo a un porcentaje significativo de estudiantes.

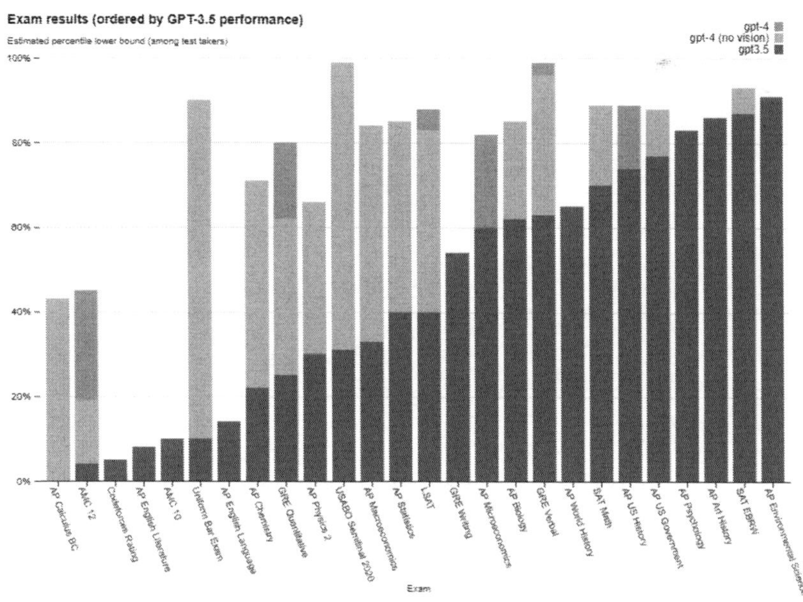

Fuente: https://openai.com/index/gpt-4-research/

OpenAI también ha traducido a varios idiomas el benchmark MMLU (una serie de 14 000 preguntas de opción múltiple que abarcan 57 temas) utilizando Azure Translate. En la mayoría de los idiomas probados (24 de 26), GPT-4 obtuvo mejores resultados que GPT-3.5 y otros grandes modelos de lenguaje en inglés y en idiomas distintos del inglés.

Internamente, OpenAI ha utilizado GPT-4 con gran impacto en funciones como soporte, ventas, moderación de contenidos y programación. También se ha utilizado para ayudar a los humanos a evaluar los resultados de la IA como parte de su estrategia de alineación. La tasa de comportamientos incorrectos también se ha reducido en el caso de prompts sensibles y no autorizados.

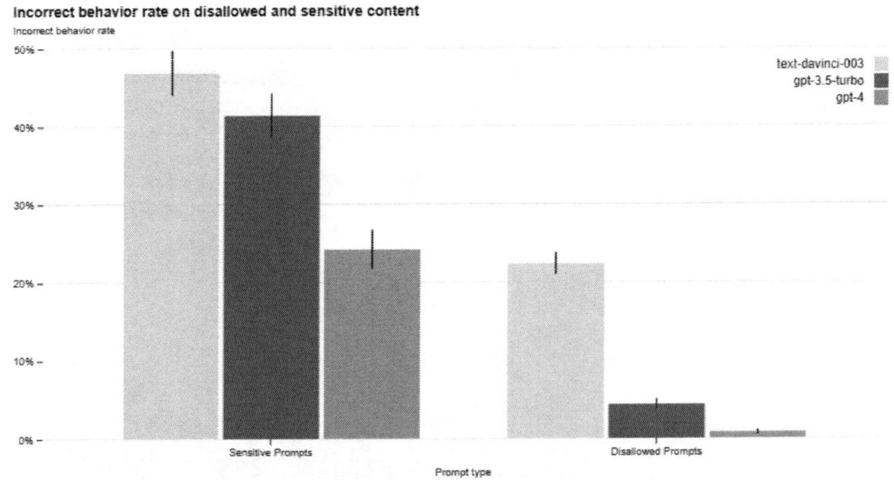

Si bien la capacidad de entrada de texto de GPT-4 está disponible a través de ChatGPT y API (con una lista de espera), su capacidad de entrada de imágenes solo es accesible con la versión GPT-4o, disponible de forma gratuita para un número limitado de chats y de forma casi ilimitada en la versión premium. Sin embargo, OpenAI ha colaborado estrechamente con un socio único para preparar una disponibilidad más amplia.

- Para tener más chats con el modelo GPT-4o y la posibilidad de crear GPT (agentes conversacionales) a través de ChatGPT Plus por 23 € al mes, haga clic en el enlace **Cambiar a un plan superior** en la parte inferior izquierda de ChatGPT.

También puede inscribirse en una lista de espera para acceder a la API (más información al respecto en el siguiente capítulo).

Si bien GPT-4 ofrece posibilidades impresionantes, también presenta riesgos que deben analizarse y mitigarse cuidadosamente. Los esfuerzos de OpenAI por evaluar el impacto social y económico de estos sistemas son fundamentales para garantizar que contribuyen positivamente en el progreso de la sociedad sin causar daños. Al desarrollar métodos que proporcionan mejores indicaciones sobre las capacidades futuras del aprendizaje automático, OpenAI puede seguir avanzando en los sistemas de IA para el bien de la humanidad.

GPT-4, lanzado por OpenAI el 14 de marzo de 2023, representa un gran avance en el campo de los modelos de lenguaje. Estas son algunas de sus características y mejoras más destacadas:

- Multimodalidad: GPT-4 es capaz de aceptar tanto entradas de texto como imágenes, lo que permite una interacción más rica y variada. Esto significa que los usuarios pueden enviar imágenes para obtener descripciones, análisis o incluso sugerencias basadas en el contenido visual.
- Amplia capacidad de procesamiento: el modelo puede gestionar un máximo de 32 000 tokens, lo que equivale a 25 000 palabras. Esto lo hace especialmente adecuado para tareas que requieren conversaciones largas o el análisis de documentos voluminosos.
- Mejora de la precisión y la seguridad: OpenAI invirtió seis meses en mejorar la seguridad y la alineación de GPT-4. Las evaluaciones internas muestran que, en comparación con GPT-3.5, el modelo es un 82 % menos propenso a responder a solicitudes inapropiadas y un 40 % más propenso a generar respuestas basadas en hechos.
- Capacidad de retención del contexto: GPT-4 puede conservar el contexto de las conversaciones durante largos periodos de tiempo, lo que permite intercambios más coherentes y relevantes. Esta función es esencial para aplicaciones como el servicio de atención al cliente y la asistencia virtual.
- Creatividad y flexibilidad: el modelo es capaz de generar respuestas creativas y abstractas. Puede componer canciones, escribir guiones y adaptarse a diferentes estilos de escritura, lo que lo convierte en una poderosa herramienta para escritores y creadores de contenido.
- Aplicaciones variadas: GPT-4 se ha integrado en diversos productos y servicios, como Duolingo, para mejorar el aprendizaje de idiomas, Be My Eyes para ayudar a la accesibilidad visual y Stripe para optimizar la experiencia del usuario.
- Colaboración con expertos: para mejorar su comportamiento, OpenAI ha colaborado con más de 50 expertos en seguridad y ética de la IA, incorporando los comentarios de los usuarios de ChatGPT.
- Accesibilidad: GPT-4 está disponible de forma gratuita para todos los usuarios cuando se agotan los créditos de uso de la última versión del modelo.

El gráfico compara tres versiones: GPT-3.5 (en color oscuro en la base de cada barra), GPT-4 sin visión (en color claro, en la parte superior de tres cuartas partes de las barras) y GPT-4 con visión (el color secundario de este gráfico). Para ayudarle, consulte la leyenda en la parte superior derecha. Cada barra representa el «percentil inferior estimado», es decir, el porcentaje de estudiantes humanos que el modelo ha superado en cada examen.

Los exámenes abarcan temas muy variados (matemáticas, finanzas, inglés) y los resultados muestran que GPT-4, especialmente la versión con visión, supera a GPT-3.5 en casi todas las categorías, alcanzando en ocasiones puntuaciones cercanas al 100 %, lo que significa que es más eficaz que la práctica totalidad de los participantes humanos.

Repercusión de estos resultados

Contar con un modelo de IA como GPT-4, capaz de superar a jóvenes estudiantes en exámenes estandarizados, tiene profundas implicaciones. En primer lugar, pone en tela de juicio el papel de la educación tradicional, ya que estos modelos de IA se están volviendo más competentes que los humanos en ciertas tareas intelectuales, incluso en aquellas que requieren un alto nivel de comprensión y razonamiento. Esto podría transformar las expectativas en materia de rendimiento académico, dejando obsoletas algunas evaluaciones estandarizadas o cambiando la forma en que se perciben.

En segundo lugar, el uso de una IA tan potente en contextos profesionales o educativos podría cambiar radicalmente la dinámica del trabajo. Por ejemplo, en un entorno en el que se espera que un becario realice tareas analíticas complejas, un «becario robot» basado en GPT-4 no solo podría ser más rápido, sino también más preciso que sus homólogos humanos. Da escalofríos...

Esto también plantea interrogantes sobre el futuro laboral de los jóvenes titulados, ya que algunas tareas podrían automatizarse por completo, relegando a los seres humanos a funciones en las que la IA aún no es capaz de sustituir las habilidades humanas únicas, como la creatividad o la empatía.

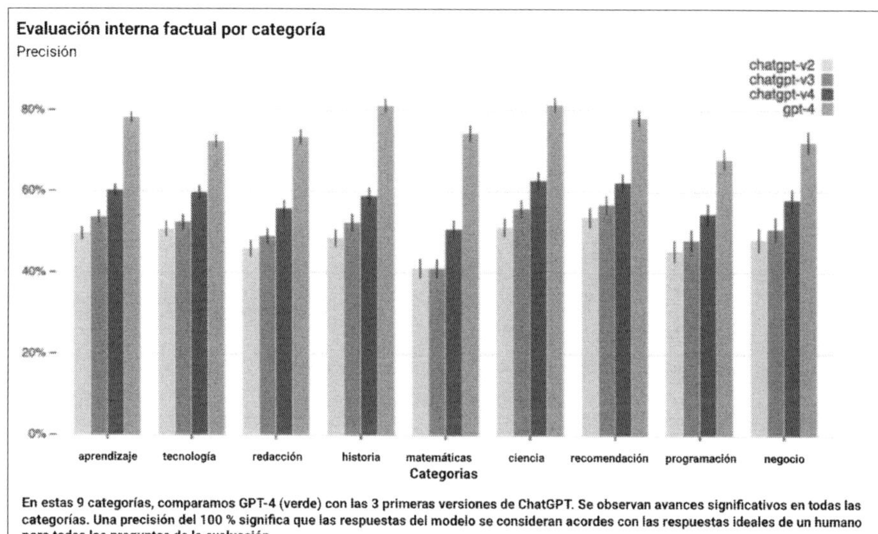

En estas 9 categorías, comparamos GPT-4 (verde) con las 3 primeras versiones de ChatGPT. Se observan avances significativos en todas las categorías. Una precisión del 100 % significa que las respuestas del modelo se consideran acordes con las respuestas ideales de un humano para todas las preguntas de la evaluación.

El gráfico anterior compara el rendimiento de cuatro versiones de ChatGPT (v2, v3, v4) con GPT-4, tal y como se indica en la leyenda situada en la parte superior derecha del gráfico. Cada barra representa el porcentaje de precisión del modelo para una categoría específica, siendo las barras más altas las que indican un mejor rendimiento.

Las categorías evaluadas incluyen «aprendizaje», «tecnología», «escritura», «historia», «matemáticas», «ciencia», «recomendación», «código» y «negocios». En todas las categorías, GPT-4 supera claramente a las demás versiones, alcanzando niveles de precisión muy superiores, a menudo cercanos al 80 %, mientras que el resto se sitúa entre el 40 % y el 60 %.

El texto debajo de la imagen explica que estos resultados provienen de evaluaciones internas diseñadas para ser particularmente difíciles y que GPT-4 muestra mejoras significativas en comparación con versiones anteriores. Una precisión de 1,0 indicaría que las respuestas del modelo están perfectamente alineadas con las consideradas ideales por los evaluadores humanos.

La principal conclusión que se puede extraer de este gráfico es que GPT-4 representa un avance significativo en términos de precisión factual en comparación con las versiones anteriores de ChatGPT. En cada categoría evaluada, GPT-4 supera ampliamente a las versiones anteriores, lo que sugiere una mejora sustancial en la capacidad del modelo para proporcionar respuestas exactas y coherentes, incluso en escenarios diseñados para ser especialmente difíciles.

6. GPT-4 Turbo (noviembre 2023): una versión mejorada de GPT-4

GPT-4 Turbo, presentado por OpenAI en noviembre de 2023 durante su primera conferencia para desarrolladores, marca un hito importante en el campo de la inteligencia artificial generativa. Este nuevo modelo supera los límites de su predecesor al ofrecer capacidades ampliadas y una mayor eficiencia.

a. Capacidades mejoradas

La característica más llamativa de GPT-4 Turbo es sin duda su ventana contextual ampliada. Capaz de procesar alrededor de 90 000 palabras de longitud contextual, lo que equivale a unas 300 páginas de texto, este modelo supera con creces las 6000 palabras de GPT-4. Este espectacular aumento abre la puerta a interacciones más ricas y complejas, lo que hace que GPT-4 Turbo sea especialmente adecuado para aplicaciones que requieren un análisis en profundidad de documentos voluminosos o intercambios prolongados.

Otra ventaja importante de GPT-4 Turbo es su base de conocimientos actualizada, que incluye información hasta abril de 2023. Esta actualización permite al modelo proporcionar respuestas más relevantes y precisas sobre temas de actualidad, lo que supone una mejora significativa con respecto a las versiones anteriores.

b. Funcionalidades multimodales

GPT-4 Turbo introduce capacidades multimodales que permiten el análisis y la descripción de imágenes. Esta funcionalidad abre un amplio campo de posibles aplicaciones, que van desde el reconocimiento de texto en imágenes hasta la interacción basada en contenido visual.

c. Optimización y accesibilidad

OpenAI ha optimizado GPT-4 Turbo para que sea más rápido y económico de usar. Esta mejora en la eficiencia hace que el modelo sea más accesible para desarrolladores y empresas, lo que facilita su integración en diversos productos y servicios. Además, la introducción de funciones avanzadas para la llamada de funciones y la generación de respuestas estructuradas en JSON simplifica su uso en aplicaciones técnicas.

d. Disponibilidad y aplicaciones

GPT-4 Turbo está disponible a través de la API de OpenAI para desarrolladores de pago, con versiones específicas para el procesamiento de texto y el análisis de imágenes. Su campo de aplicación es amplio, desde la automatización de tareas complejas hasta la creación de chatbots sofisticados y el desarrollo de asistentes virtuales avanzados.

En conclusión, GPT-4 Turbo representa un avance significativo en el campo de los modelos de lenguaje, ya que ofrece capacidades ampliadas y una mayor eficiencia. Sin embargo, su implementación también plantea cuestiones éticas y de privacidad que merecen una atención especial.

7. GPT-4o (mayo 2024): omni = multimodal

Mayo de 2024 marca un punto de inflexión en la historia de la inteligencia artificial con el lanzamiento de GPT-4o por parte de OpenAI. Este modelo, cuya «o» significa «omni», representa un avance revolucionario en el campo de los modelos de lenguaje multimodal.

a. Una revolución multimodal

GPT-4o trasciende los límites tradicionales del procesamiento del lenguaje natural. Por primera vez, un único modelo puede procesar y generar texto, audio e imágenes en tiempo real. Esta capacidad «omnimodal» allana el camino para una interacción hombre-máquina fluida y natural sin precedentes.

Imagine un asistente virtual capaz no solo de comprender sus solicitudes de voz, sino también de analizar las imágenes que le muestra y generar respuestas visuales y auditivas adecuadas. GPT-4o hace posible esta visión futurista, difuminando las líneas entre las diferentes modalidades de comunicación.

b. Un políglota digital

Uno de los avances más notables de GPT-4o reside en su rendimiento lingüístico. El modelo destaca en idiomas distintos del inglés, lo que supone un gran avance en el campo de la IA. Esta mayor capacidad multilingüe democratiza el acceso a la IA avanzada para poblaciones de todo el mundo, lo que promete aplicaciones revolucionarias en la traducción, la enseñanza de idiomas y la comunicación intercultural.

c. Eficacia y accesibilidad

GPT-4o no solo es más capaz, sino también más rápido y rentable. Con una velocidad de generación de texto que duplica la de su predecesor y unos costes de funcionamiento reducidos a la mitad, GPT-4o hace que la IA de vanguardia sea más accesible para empresas, investigadores y desarrolladores de todo el mundo.

Por el momento, solo está disponible para un número limitado de solicitudes al día para los usuarios gratuitos. Si se suscribe, tendrá derecho a unas 40 solicitudes por hora y a unas 100 solicitudes con la suscripción Team.

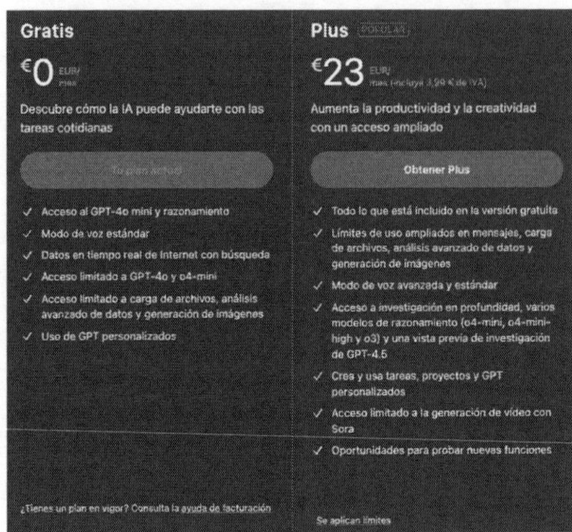

Recomiendo la suscripción Plus, la suscripción Team no vale la pena para uso individual, sino que se recomienda para empresas, ya que facilita la gestión de las suscripciones y el intercambio de GPT mientras se trabaja de forma segura.

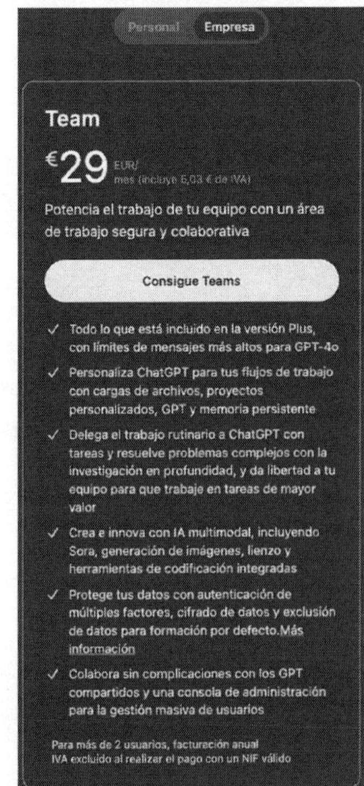

d. Un cerebro artificial expansivo

Con una ventana de contexto de 128 000 tokens y una capacidad de generación de 4096 tokens, GPT-4o cuenta con una impresionante «memoria de trabajo». Esta capacidad permite conversaciones más largas y matizadas, así como el análisis de documentos voluminosos, lo que abre la puerta a aplicaciones en campos tan variados como la investigación jurídica, el análisis literario o la redacción técnica.

e. Hacia una IA omnipresente

El lanzamiento de GPT-4o marca el comienzo de una nueva era en la que la IA se vuelve verdaderamente omnipresente y omnisciente. Sus aplicaciones potenciales son enormes: desde asistentes virtuales capaces de comprender y responder en múltiples modalidades, hasta herramientas de creación de contenido multimedia, sistemas de análisis de datos multidimensionales y mucho más.

Sin embargo, este aumento de potencia conlleva nuevas responsabilidades. Las cuestiones éticas relacionadas con la privacidad, la desinformación y el impacto en el empleo ejercen ahora más presión que nunca. Al entrar en la era de la IA omnimodal, es fundamental navegar por estas aguas inexploradas con cautela y reflexión.

A continuación, se muestra un gráfico que presenta las capacidades del modelo GPT-4o frente a sus principales competidores. Se puede observar que los supera en casi todas las métricas.

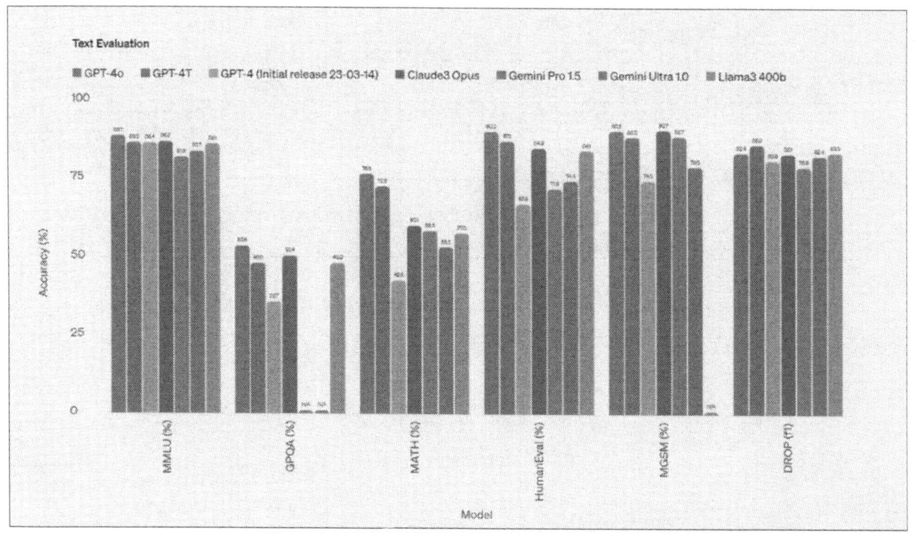

Fuente: https://datasciencedojo.com/blog/gpt4o/

Estos resultados ilustran la creciente importancia de los modelos de IA en la comprensión y generación de texto. Los modelos más avanzados, como GPT-4o, demuestran una capacidad impresionante para destacar en tareas complejas, como la resolución de problemas matemáticos o la generación de código, lo que podría tener importantes implicaciones en muchos ámbitos profesionales.

Por ejemplo, las empresas podrían recurrir cada vez más a estos modelos para automatizar tareas que tradicionalmente requieren un alto nivel de competencia humana, como el análisis de datos, la redacción de documentos complejos o incluso el desarrollo de software. Esta automatización podría aumentar la eficiencia, reducir los errores humanos y permitir a los trabajadores centrarse en tareas más creativas o estratégicas.

8. GPT-4o mini (mayo 2024): una versión ligera de GPT-4o

Vamos a realizar una evaluación comparativa (o benchmark) de GPT-4o mini para demostrar las capacidades de este modelo avanzado desarrollado. Una de las principales herramientas de evaluación utilizadas es el MMLU (*Massive Multitask Language Understanding*), en el que GPT-4o mini obtuvo una impresionante puntuación del 82 %. Este benchmark evalúa los modelos de IA en 57 áreas diferentes, que abarcan todos los campos, desde las matemáticas hasta las humanidades, lo que permite poner a prueba la comprensión y el razonamiento del modelo en una amplia gama de temas.

En áreas específicas como el razonamiento, las matemáticas y la codificación, GPT-4o mini ha superado a otros modelos de la competencia, como Gemini Flash de Google y Claude Haiku de Anthropic. Esto no solo destaca la potencia de este modelo, sino también su capacidad para procesar tareas complejas con precisión. Por ejemplo, en la prueba HumanEval, que evalúa la capacidad de los modelos para generar código, GPT-4o mini obtuvo una puntuación del 87,2 %, superando significativamente a sus competidores, que registraron puntuaciones del 71,5 % en el caso de Gemini Flash y del 75,9 % para Claude Haiku.

En cuanto al razonamiento multimodal, GPT-4o mini también destacó en la prueba MMMU (Multimodal Reasoning), donde obtuvo una puntuación del 59,4 %. Este resultado es superior al de Gemini Flash, que obtuvo un 56,1 %, y al de Claude Haiku, con un 50,2 %. Estos resultados ponen de relieve la capacidad de GPT-4o mini para gestionar tareas que requieren una comprensión tanto textual como visual.

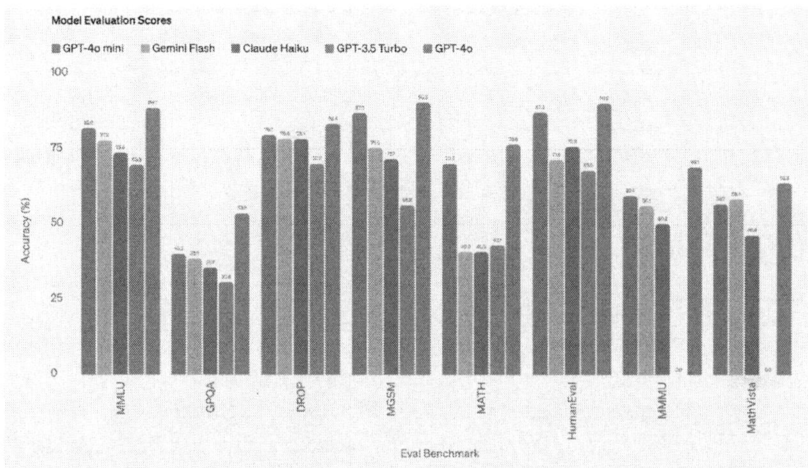

Fuente: https://openai.com/index/gpt-4o-mini-advancing-cost-efficient-intelligence/

Comparado con su predecesor, GPT-3.5 Turbo, las pruebas muestran que GPT-4o mini supera a este modelo en varios aspectos, especialmente en términos de velocidad de generación, alcanzando los 202 tokens por segundo. Aunque GPT-4o mini es menos potente que la versión completa de GPT-4o en ciertas tareas complejas, ofrece un excelente equilibrio entre rendimiento y costo. Esto lo hace particularmente atractivo para los desarrolladores y las empresas que buscan integrar capacidades avanzadas de IA sin los costos asociados a los modelos más grandes.

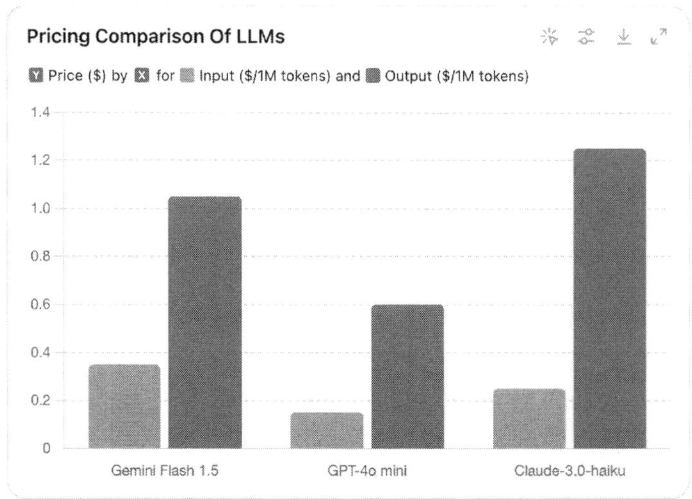

B. Gemini: el gigante Google sorprende

1. Gemini 1.0

El 6 de diciembre de 2023 quedará grabado en la historia de la inteligencia artificial como el día en que Google presentó al mundo Gemini 1.0 Pro, la primera versión importante de su revolucionaria serie Gemini. Este lanzamiento no solo supuso la introducción de un nuevo modelo de lenguaje, sino que marcó el comienzo de una nueva era en la carrera por la IA generativa.

Situado estratégicamente entre el modelo ligero Gemini Nano y la potente versión Ultra, Gemini 1.0 Pro se presentaba como la solución intermedia ideal, ya que combinaba rendimiento y accesibilidad. Sus capacidades avanzadas de comprensión y razonamiento le permitían navegar con facilidad por cadenas de razonamiento complejas y prolongadas, lo que abría el camino a aplicaciones hasta entonces inimaginables.

Los primeros estudios comparativos no tardaron en demostrar la superioridad de Gemini Pro frente a sus competidores, en particular GPT-3.5 de OpenAI, en determinadas tareas específicas. Este rendimiento no pasó desapercibido en la comunidad científica y tecnológica, lo que despertó un gran interés y grandes expectativas.

Google, consciente del potencial de su creación, rápidamente hizo accesible Gemini 1.0 Pro a través de su API en las plataformas Google AI Studio y Google Cloud Vertex AI. Esta decisión estratégica permitió a los desarrolladores de todo el mundo explorar las posibilidades que ofrecía este nuevo modelo, catalizando así la innovación en diversos campos de aplicación.

Una de las primeras y más visibles aplicaciones de Gemini 1.0 Pro fue su integración en el chatbot Bard de Google, posteriormente rebautizado como Gemini. Esta implementación demostró no solo las impresionantes capacidades conversacionales del modelo, sino también su flexibilidad y adaptabilidad a interfaces de consumo.

La multimodalidad de Gemini 1.0 Pro, capaz de procesar y comprender tanto texto como imágenes, abrió nuevas perspectivas en el procesamiento de la información. Con una ventana contextual de 32 000 tokens, el modelo podía gestionar conversaciones y análisis de documentos de gran envergadura, aunque esta capacidad estaba destinada a ser superada por versiones posteriores.

El lanzamiento de Gemini 1.0 Pro no solo supuso un avance tecnológico para Google sino que fue una declaración de intenciones que posicionó a la empresa como un actor importante en la carrera por la IA generativa, lista para competir con los gigantes ya establecidos en el sector. Este primer paso audaz de Google en la era Gemini pronto sería seguido por avances aún más impresionantes, que redefinirían los límites de lo que se creía posible en el campo de la inteligencia artificial.

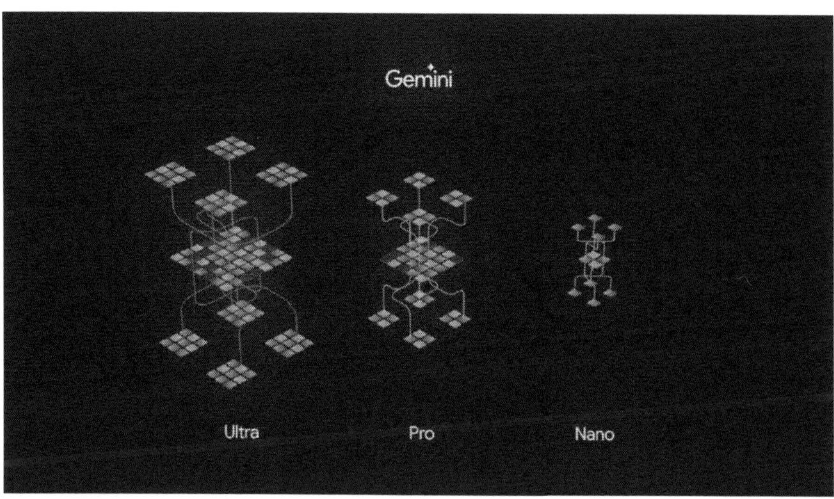

a. Gemini Nano: el compañero de bolsillo

En la base de la gama está Gemini Nano, la versión más compacta y ligera. Diseñado específicamente para dispositivos móviles, Gemini Nano destaca por su capacidad para procesar datos localmente, sin necesidad de conectarse a un servidor remoto. Esta proeza técnica permite una mayor confidencialidad y una capacidad de respuesta inmediata, ventajas muy valiosas en los dispositivos móviles. Ya disponible en el Pixel 8 Pro de Google, Gemini Nano abre el camino a una nueva generación de asistentes inteligentes de bolsillo, capaces de comprender y responder a las necesidades de los usuarios en tiempo real.

b. Gemini Pro: el polivalente

En el centro de la gama se encuentra Gemini Pro, una versión que combina potencia y flexibilidad. Es esta versión la que alimenta el famoso chatbot Bard de Google, recientemente rebautizado como Gemini. Gemini Pro destaca por sus avanzadas capacidades de comprensión y razonamiento, especialmente eficaces en el procesamiento de cadenas de razonamiento complejas y largas. Estudios comparativos han demostrado su superioridad frente al GPT-3.5 de OpenAI en estos ámbitos, lo que posiciona a Gemini Pro como un serio competidor en el mercado de los modelos de lenguaje avanzados. Accesible a través de la API de la plataforma Vertex AI de Google, Gemini Pro ofrece a los desarrolladores una potente herramienta para crear aplicaciones de IA sofisticadas.

c. Gemini Ultra: el titán

Diseñado para afrontar los retos más exigentes en materia de inteligencia artificial, Gemini Ultra amplía los límites de lo posible en el ámbito del procesamiento del lenguaje natural y el análisis de datos complejos. Durante su presentación, Google destacó sus capacidades, que van desde la identificación de artículos científicos relevantes hasta la generación de imágenes, pasando por la asistencia en la resolución de problemas de física y la corrección de errores de código.

2. Gemini 1.5

En febrero de 2024, Google da un nuevo paso adelante en el campo de la inteligencia artificial con el lanzamiento de Gemini 1.5. Esta nueva versión ofrece mejoras significativas con respecto a su predecesora, Gemini 1.0, y está disponible en varias versiones para satisfacer diversas necesidades y casos de uso.

a. Gemini 1.5 Pro: el buque insignia de la nueva generación

Gemini 1.5 Pro representa un gran avance en la serie Gemini. Este modelo de tamaño medio está optimizado para una amplia gama de tareas de razonamiento. Sus capacidades son impresionantes:

Puede procesar hasta 1 millón de tokens, bastante más que los 32 000 de Gemini 1.0 Pro. Este aumento significa que puede analizar volúmenes de datos sin precedentes, como 1500 páginas de texto o 100 correos electrónicos, en un tiempo récord.

Gemini 1.5 Pro supera a Gemini 1.0 Pro en el 87 % de las pruebas comparativas, lo que demuestra mejoras significativas en rendimiento y eficacia.

Es capaz de procesar entradas multimodales, como texto, imágenes, audio e incluso vídeo, con una ventana contextual que más tarde se amplía a 2 097 152 tokens.

En una demostración, un usuario envía una película completa de 44 minutos a Gemini 1.5 Pro y, a continuación, le formula una pregunta mostrándole simplemente un dibujo que representa una escena concreta de la película. El modelo analiza entonces todo el contenido del vídeo y consigue identificar exactamente cuándo se produce la escena dibujada en la película, proporcionando el código de tiempo correspondiente. No me lo creía, así que lo probé yo mismo... ¡Y funciona, y muy bien!

b. Gemini 1.5 Flash: la velocidad al servicio de la eficacia

Paralelamente a Gemini 1.5 Pro, Google presenta Gemini 1.5 Flash, una versión optimizada para la velocidad y la eficacia. Este modelo está diseñado para tareas más limitadas o de alta frecuencia, en las que el tiempo de respuesta del modelo es crucial.

Entre sus características se incluyen:

- Una ventana contextual de 1 048 576 tokens, que permite procesar grandes cantidades de información.
- Capacidad multimodal, capaz de procesar texto, imágenes, audio y vídeo.
- Optimización para un rendimiento rápido y versátil en una gran variedad de tareas.

c. Gemini 1.5 Flash-8B: más compacto

Google lleva la innovación un paso más allá con Gemini 1.5 Flash-8B, una versión experimental y compacta del modelo. Con solo 8000 millones de parámetros, este modelo pretende ofrecer un rendimiento impresionante en un formato más ligero y desplegable.

La introducción de estas nuevas versiones de Gemini 1.5 demuestra el compromiso constante de Google con la innovación en IA. Al ofrecer una gama de modelos que se adaptan a diferentes necesidades, desde la potencia bruta de Gemini 1.5 Pro hasta la eficacia de Gemini 1.5 Flash, pasando por la experimentación con Gemini 1.5 Flash-8B, Google está ofreciendo a desarrolladores y empresas una flexibilidad sin precedentes en el uso de la IA generativa. Esta rápida evolución de la tecnología Gemini promete nuevas posibilidades en diversas áreas de aplicación en el futuro.

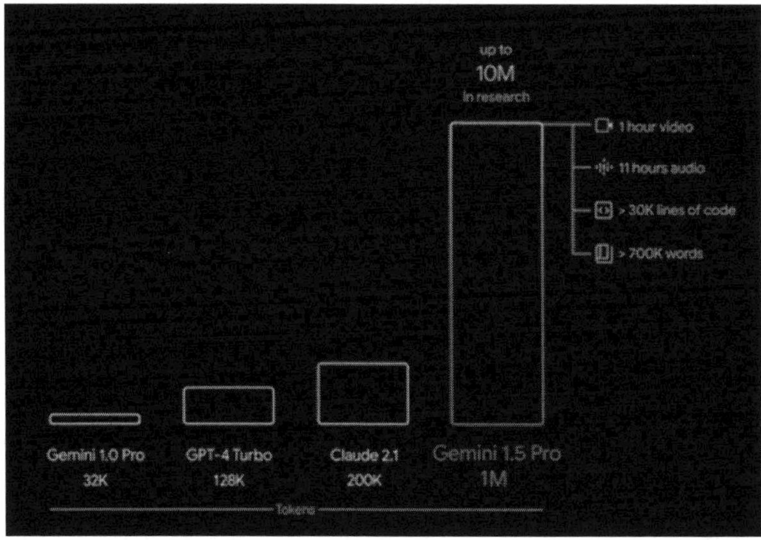

Como recordatorio, la capacidad de un modelo para procesar y analizar grandes cantidades de datos se ha convertido en un criterio fundamental de su rendimiento. Este concepto puede parecer abstracto, pero es esencial para entender por qué ciertos modelos de IA dominan a otros. En este sentido, la imagen de arriba es reveladora.

La revolución de la capacidad de procesamiento

Los modelos de inteligencia artificial suelen evaluarse en función del número de «tokens» que pueden procesar. Un token puede ser una palabra, un carácter o una unidad de texto o información que la IA necesita comprender, analizar o generar. Cuantos más tokens pueda procesar un modelo, más capaz será de gestionar tareas complejas y voluminosas.

En la imagen, vemos en primer lugar Gemini 1.0 Pro, un modelo capaz de procesar 32 000 tokens. Esto significa que este modelo puede manejar un texto o conjunto de información de una longitud moderada de unas 24 000 palabras, suficiente para muchas aplicaciones estándar. Sin embargo, en un mundo en el que la información es cada vez más compleja y densa, las capacidades de Gemini 1.0 Pro empiezan a mostrar sus límites.

En segundo lugar, GPT-4 Turbo, con su capacidad de 128 000 tokens, representa un importante paso adelante. Este modelo puede procesar documentos más largos, de hasta 96 000 palabras, conversaciones complejas o datos más voluminosos. GPT-4 Turbo ha permitido aplicaciones más sofisticadas, como el análisis de textos en profundidad o la gestión de diálogos multiturno más largos, sin perder el hilo de la conversación.

El modelo Claude 2.1, capaz de gestionar 200 000 tokens, amplía aún más los límites. Con semejante capacidad, este modelo puede aventurarse en ámbitos en los que la cantidad de información que hay que procesar es realmente masiva. Esto incluye textos más largos, de hasta 150 000 palabras, análisis más exhaustivos y la posibilidad de integrar información procedente de varias fuentes simultáneamente.

Pero es Gemini 1.5 Pro el que supera con creces a todos los demás. Con una capacidad de 1 millón de tokens, este modelo redefine lo que podemos esperar de la inteligencia artificial. No solo es capaz de procesar grandes cantidades de texto, sino que también puede manejar tipos de datos mucho más diversos y voluminosos. En el ejemplo siguiente, se puede ver que 400 páginas de un documento de texto representan más de 326 000 tokens.

C. Perplexity: lo mejor para la investigación

Fundada en 2022 por cuatro antiguos empleados de Google AI -Andy Konwinski, Aravind Srinivas, Denis Yarats y Johnny Ho-, esta ambiciosa start-up se fijó como misión democratizar el acceso al conocimiento.

Perplexity AI es un innovador motor de búsqueda conversacional que utiliza la inteligencia artificial para ofrecer una experiencia mejorada de búsqueda en línea. A diferencia de los motores de búsqueda tradicionales, Perplexity AI está diseñado para entender el contexto de las consultas de los usuarios a través del procesamiento del lenguaje natural, lo que le permite ofrecer respuestas precisas y relevantes sin necesidad de desplazarse por múltiples páginas de resultados.

Uno de los puntos fuertes de Perplexity AI es su capacidad para documentar sus respuestas con referencias externas, lo que la convierte en una herramienta fiable para la investigación académica y profesional. Se basa en fuentes de alta calidad, como estudios académicos, para garantizar la credibilidad de la información proporcionada. Esta función es especialmente útil para validar información reciente, algo que otras IA todavía hacen mal (ChatGPT, Gemini...).

A continuación, se muestra una captura de pantalla de una búsqueda en Perplexity, con las distintas fuentes en la parte superior de la página y el resumen justo debajo.

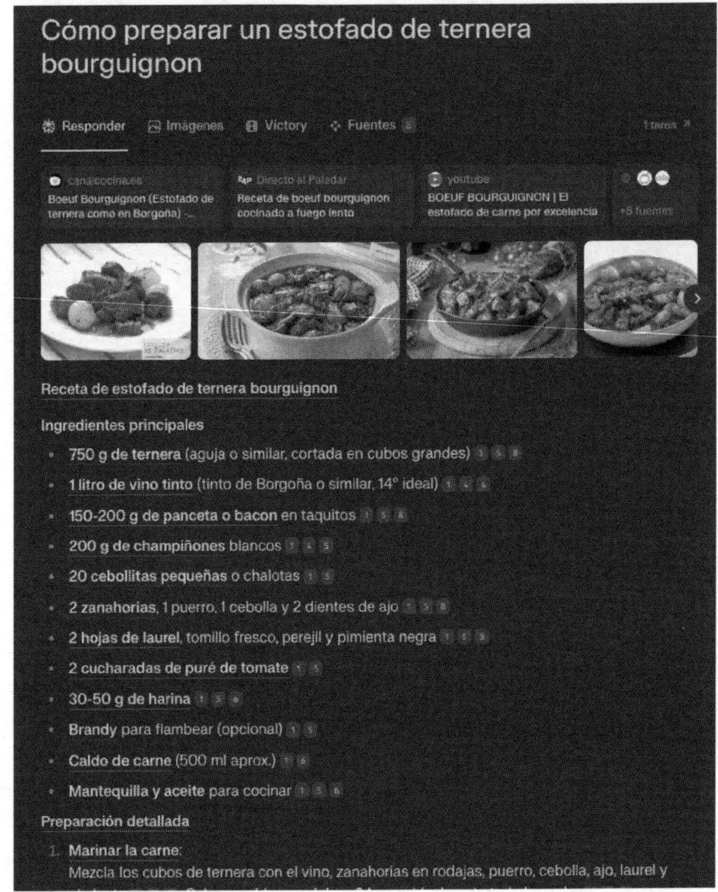

1. Funciones principales

Perplexity ofrece varios modos de búsqueda adaptados a las necesidades de los usuarios:

- el modo **Copilot** guía la exploración de nuevos temas mediante preguntas y sugerencias;
- el modo **Focus** permite centrarse en zonas específicas;
- el modo **Writing** genera contenidos sin necesidad de buscar en la web.

La herramienta también permite organizar las búsquedas en colecciones y compartir los resultados, lo que facilita la colaboración y la gestión del conocimiento.

2. Accesibilidad y versiones

Perplexity está disponible gratuitamente a través de un navegador web o una aplicación móvil (Android e iOS). Una versión premium, con un precio de 20 dólares al mes, ofrece funciones adicionales como el acceso a más modelos lingüísticos (GPT-4o, Claude 3.5) y la posibilidad de adjuntar archivos para su análisis.

Consejo de experto: a diferencia de otros IAG de texto, es mejor hacer un hilo nuevo cada vez, para tener una respuesta más documentada y cualitativa. No se pierde ningún contexto, ya que es muy escaso en Perplexity, es más bien el texto de origen lo que se destaca.

3. Perplexity Pages

Perplexity Pages es una innovadora función lanzada por Perplexity AI que transforma la forma en que los usuarios interactúan con la información en línea. La función permite a los usuarios geolocalizar páginas web completas y detalladas a partir de simples consultas de búsqueda.

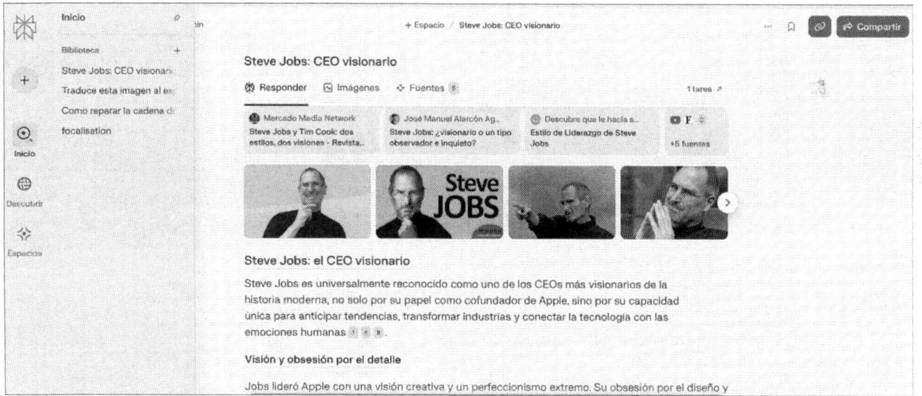

4. Funcionamiento

Cuando un usuario introduce una consulta, Perplexity Pages utiliza su avanzado motor de IA para analizar la intención del usuario y sintetizar información de múltiples fuentes. En lugar de limitarse a ofrecer una lista de enlaces, la herramienta crea una página web estructurada y rica en contenidos sobre el tema solicitado.

El proceso para crear una página de Perplexity es sencillo e intuitivo. El usuario comienza introduciendo un tema en la barra de búsqueda y, a continuación, selecciona el nivel de complejidad deseado (principiante, avanzado o general). A continuación, la IA genera una página completa sobre el tema, que el usuario puede personalizar editando, reorganizando o eliminando secciones, añadiendo información personal o pidiendo a la IA que profundice en determinados puntos.

El artículo de la imagen superior (nativo en Perplexity) puede consultarse en el enlace: https://www.perplexity.ai/page/Steve-Jobs-Visionary-IRImmTcJS5Ozbc9JUue4ig

D. Mistral: la IA francesa muy eficaz

1. Mistral 7B

El 27 de septiembre de 2023, Mistral AI marcó un punto de inflexión en el campo de la inteligencia artificial con el lanzamiento de Mistral 7B, un modelo lingüístico que redefine los estándares de rendimiento para su tamaño. Con solo 7 300 millones de parámetros, Mistral 7B supera a modelos mucho mayores, como Llama 13B en todos los benchmarks e incluso Llama 34B en muchas pruebas. Esta proeza técnica es posible gracias al uso de tecnologías innovadoras como la Atención a Consultas en Grupo (GQA) para una inferencia más rápida y la Atención a Ventanas Deslizantes (SWA) para el manejo eficiente de secuencias largas.

Uno de los aspectos más destacables de Mistral 7B es su versatilidad y accesibilidad. Con licencia Apache 2.0, el modelo puede utilizarse sin restricciones, allanando el camino para una adopción amplia y diversa en la comunidad de IA. Ya sea desplegado localmente, en las principales plataformas en la nube como AWS, GCP o Azure, o a través de HuggingFace, Mistral 7B ofrece una flexibilidad sin precedentes.

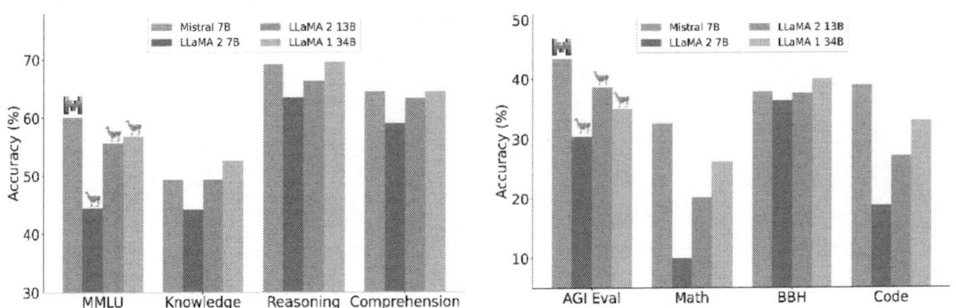

Fuente: https://mistral.ai/news/announcing-mistral-7b/

2. Mixtral 8x7B

Este modelo destaca por su arquitectura única de una mezcla dispersa de expertos (*Sparse Mixture of Experts o SMoE*), que le confiere unas capacidades notables al tiempo que optimiza su eficacia.

La arquitectura Mixtral 8x7B consta de ocho expertos, cada uno con 7 000 millones de parámetros, de ahí el nombre «8x7B». Sin embargo, durante la inferencia, solo se activan dos expertos a la vez, lo que permite al modelo mantener una huella de memoria de unos 14. 000 millones de parámetros. Este ingenioso planteamiento ofrece un rendimiento comparable al de modelos mucho mayores, a la vez que mantiene una alta eficiencia computacional.

Las prestaciones de Mixtral 8x7B son impresionantes. Supera a Llama 2 70B en la mayoría de las pruebas comparativas, a la vez que ofrece una velocidad de inferencia seis veces superior. Este modelo rivaliza incluso con GPT-3.5 en determinadas pruebas estándar, lo que lo convierte en uno de los modelos de código abierto más potentes en el momento de su lanzamiento.

	LLaMA 2 70B	GPT - 3.5	Mixtral 8x7B
MMLU (MCQ in 57 subjects)	69.9%	70.0%	**70.6%**
HellaSwag (10-shot)	87.1%	85.5%	86.7%
ARC Challenge (25-shot)	85.1%	85.2%	**85.8%**
WinoGrande (5-shot)	**83.2%**	81.6%	81.2%
MBPP (pass@1)	49.8%	52.2%	**60.7%**
GSM-8K (5-shot)	53.6%	57.1%	**58.4%**
MT Bench (for Instruct Models)	6.86	**8.32**	8.30

Mixtral 8x7B destaca en varios ámbitos. Domina el inglés, francés, italiano, alemán y español, lo que lo hace especialmente útil para tareas multilingües. También cuenta con sólidos conocimientos de programación, lo que lo convierte en una herramienta versátil para diversas aplicaciones, como la generación de textos o la ayuda a la codificación.

En términos de aplicaciones prácticas, Mixtral 8x7B es especialmente adecuado para tareas como la clasificación, la atención al cliente, la generación de textos e incluso tareas de razonamiento moderadamente complejas como la extracción de datos o la redacción de descripciones de productos.

El lanzamiento de Mixtral 8x7B coincidió con una impresionante ronda de recaudación de fondos de 400 millones de euros para Mistral AI, lo que valora la empresa en 2000 millones de dólares. Esta importante inversión subraya la confianza del mercado en el potencial de Mistral AI y sus modelos, posicionando a la empresa como uno de los principales actores en el competitivo panorama de la IA.

3. Mistral Large

El 26 de febrero de 2024, Mistral AI alcanzó un nuevo hito en el campo de la inteligencia artificial con el lanzamiento de Mistral Large. Este nuevo modelo destaca por sus capacidades de razonamiento de alto nivel, especialmente adecuadas para las complejas tareas de comprensión y transformación de texto, así como para la generación de código. Al salir al mercado, Mistral Large se posicionó como el segundo modelo más potente del mundo disponible a través de una API, ¡solo por detrás de ChatGPT!

Supera entonces a competidores de renombre en muchas pruebas estándar. Destaca en el procesamiento multilingüe, ya que domina el inglés, francés, español, alemán e italiano, y ofrece una impresionante ventana contextual de 32 000 tokens.

Paralelamente al lanzamiento de Mistral Large, la empresa también presentó Mistral Small, un modelo optimizado para cargas de trabajo de baja latencia. Estos dos anuncios fueron acompañados de una revisión de la oferta de Mistral AI, con nuevos endpoints (puntos finales) que muestran sus modelos comerciales y de open source.

Endpoints: *puntos finales específicos de una API (Application Programming Interface) que permiten transmitir solicitudes o datos a un servidor.*

Adicionalmente, Mistral AI ha establecido una asociación estratégica con Microsoft, haciendo que sus modelos estén disponibles en Azure, además de su propia plataforma segura alojada en la Unión Europea. Estos avances subrayan la ambición de Mistral AI de democratizar el acceso a la IA de vanguardia, ofreciendo al mismo tiempo soluciones flexibles adaptadas a las diversas necesidades de desarrolladores y empresas.

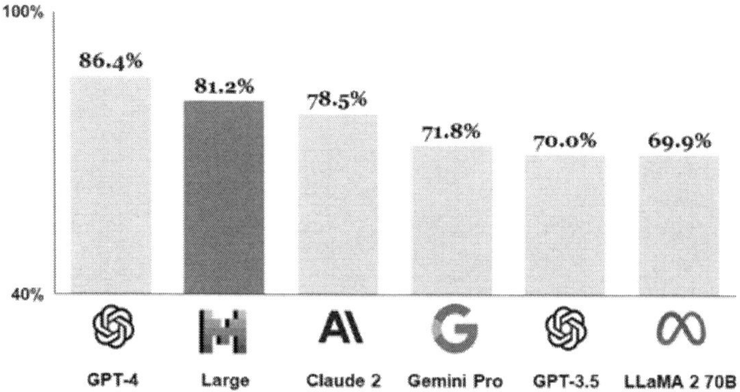

Comparación de GPT-4, Mistral Large (preentrenado), Claude 2, Gemini Pro 1.0, GPT 3.5 and LLaMA 2 70B en MMLU (Measuring massive multitask language understanding).

4. Codestral

El 29 de mayo de 2024, Mistral AI presentó Codestral, su primer modelo de inteligencia artificial diseñado específicamente para la generación de código.

Codestral es un modelo de 22 000 millones de parámetros, optimizado para tareas de generación de código. Se ha entrenado en un amplio conjunto de datos que abarca más de 80 lenguajes de programación, incluidos los más populares como Python, Java, C++, JavaScript y Bash, así como lenguajes más específicos como Swift y Fortran. Este modelo destaca en varios ámbitos:

- Generación de código: puede completar funciones, escribir pruebas y completar código parcial gracias a su mecanismo «fill-in-the-middle».
- Rendimiento: Codestral supera a muchos de sus competidores en varias pruebas comparativas. Por ejemplo, obtuvo las mejores puntuaciones en 3 de las 4 pruebas de Python realizadas, en particular en RepoBench para la generación de código a largo plazo.
- Versatilidad: además de la generación de código, Codestral puede utilizarse para tareas de razonamiento de código y comprensión del inglés.
- Accesibilidad: el modelo está disponible a través de varias interfaces, como la API de IA de Mistral, complementos para IDE populares como VSCode y JetBrains, y el chat conversacional de Mistral.

Codestral está disponible en dos formas principales:

- Un modelo open-weight bajo la licencia Mistral AI Non-Production License, descargable desde HuggingFace para investigación y pruebas.
- Un servicio accesible a través de la API de Mistral AI (api.mistral.ai) para uso comercial y desarrollo de aplicaciones.

En términos de rendimiento, Codestral destaca por su ventana contextual de 32 000 tokens, que le permite superar a otros modelos en tareas que requieren una comprensión a largo plazo del código. A continuación, se muestra una comparativa para ver hasta qué punto está por delante, sobre todo si se tiene en cuenta la relación peso/rendimiento.

	Context length	HumanEval	MBPP	CruxEval-O	RepoBench	Spider	HumanEvalFIM average	HumanEval average
Codestral 22B	**32k**	**81.1%**	78.2%	**51.3%**	**34.0%**	63.5%	**91.6%**	**61.5%**
CodeLlama 70B	4k	67.1%	70.8%	47.3%	11.4%	37.0%	-	51.9%
DeepSeek Coder 33B	16k	77.4%	**80.2%**	49.5%	28.4%	60.0%	78.2%	57.6%
Llama 3 70B	8k	76.2%	76.7%	26.0%	18.4%	**67.1%**	-	61.2%
		Python				SQL	Average on several languages	

Fuente: https://mistral.ai/fr/news/codestral/

5. Mixtral 8x22B

Mixtral 8x22B es un modelo lingüístico avanzado desarrollado por Mistral AI, diseñado para sobresalir en tareas intermedias que requieren transformación lingüística y razonamiento moderado.

Al igual que Mixtral 8x7B, la arquitectura Mixtral 8x22B se basa en ocho expertos, cada uno con 22 000 millones de parámetros, de ahí el nombre «8x22B». Esta estructura innovadora permite al modelo alcanzar un alto rendimiento manteniendo una eficiencia computacional óptima. Gracias a este enfoque, Mitral 8x22B puede manejar una amplia variedad de tareas lingüísticas con una precisión y velocidad impresionantes.

Una vez más, la decisión de Mistral AI de publicar Mixtral 8x22B bajo licencia Apache 2.0 demuestra su compromiso con la innovación colaborativa. Esta licencia permisiva permite el uso sin restricciones del modelo, allanando el camino para numerosas aplicaciones y mejoras por parte de la comunidad.

El rendimiento de Mixtral 8x22B es impresionante. Supera a otros modelos abiertos en varios benchmarks, sobre todo en razonamiento, conocimientos generales y competencias multilingües. En matemáticas y programación, se sitúa en cabeza, demostrando una notable versatilidad.

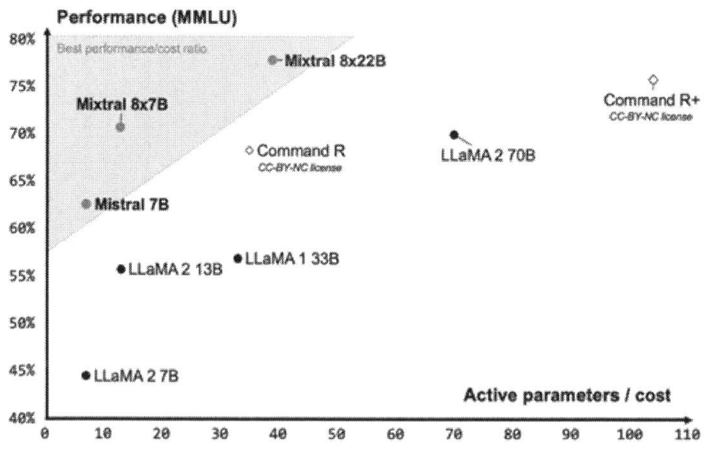

Fuente: https://mistral.ai/fr/news/mixtral-8x22b/

6. Mistral Large 2

Mistral Large 2 es un modelo de 123 000 millones de parámetros, diseñado para ofrecer el máximo rendimiento sin dejar de ser eficiente en términos de coste y velocidad de inferencia. Cuenta con una ventana contextual ampliada de 128 000 tokens, lo que permite procesar secuencias de texto muy largas.

Mistral AI se ha centrado en reducir las «alucinaciones» del modelo, haciéndolo más cauto y perspicaz en sus respuestas. Esta mejora se traduce en una mayor precisión y fiabilidad de la información generada, un punto clave para las aplicaciones profesionales y científicas.

El modelo también destaca por sus capacidades mejoradas de seguimiento de instrucciones y conversación, lo que lo hace especialmente eficaz en interacciones multitarea y tareas que requieren una comprensión precisa de las instrucciones.

Mistral Large 2 está disponible bajo la licencia Mistral Research para investigación y uso no comercial. Para un uso comercial que requiera un despliegue autónomo, se necesita una licencia comercial específica.

En términos de accesibilidad, Mistral AI amplió sus asociaciones con los principales proveedores de la nube, haciendo que Mistral Large 2 esté disponible en plataformas como Google Cloud Vertex AI, además de en la propia plataforma de Mistral AI.

Con Mistral Large 2, Mistral AI confirmó su posición como serio competidor de gigantes de la IA como OpenAI, Anthropic y Meta, al ofrecer un modelo que combina rendimiento, versatilidad y eficacia, satisfaciendo las variadas necesidades de empresas e investigadores en el campo de la IA generativa.

E. ¡El Chat de Mistral se convierte en la mejor IA gratuita!

Una nueva versión de LeChat está demostrando ser muy versátil, ya que ofrece:

- Canvas, una interfaz visual que simplifica su espacio de trabajo. Con Canvas, los usuarios pueden organizar y reorganizar los elementos de contenido, añadir anotaciones e incluso pedir a Mistral que genere (regenere) texto o imágenes basándose en el contexto visual actual.

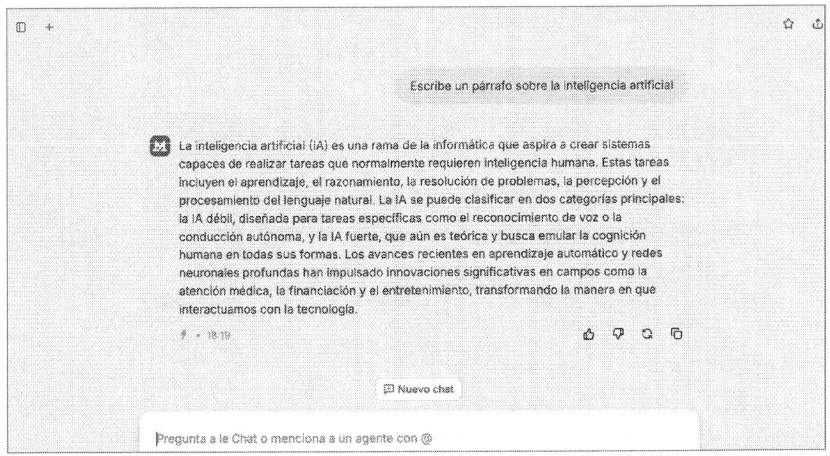

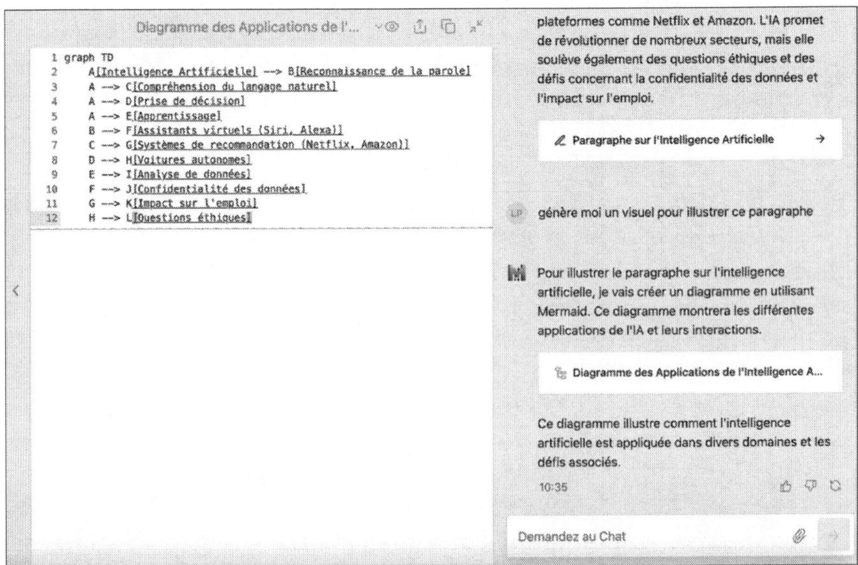

- Acceso a información extraída de Internet a través de la función de búsqueda web, lo que permite obtener información actualizada y fiable (gracias a la citación de las fuentes).

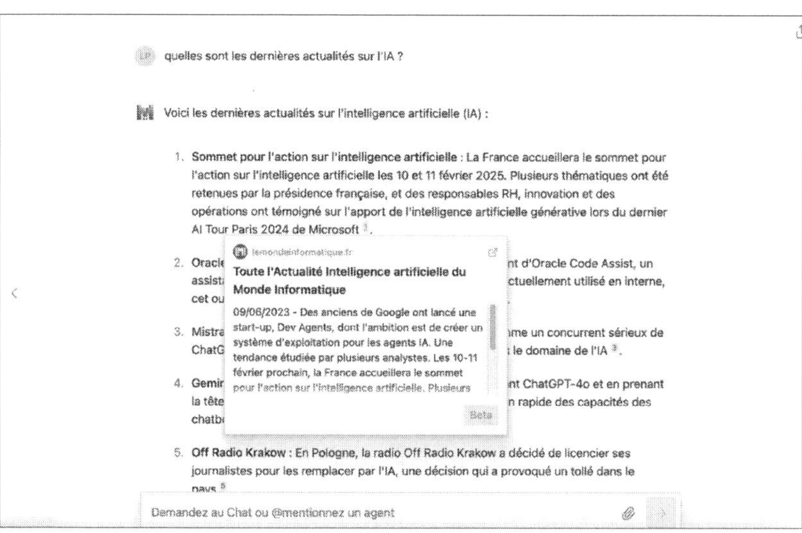

- Una herramienta de generación de imágenes que permite a cualquier usuario crear imágenes de alta calidad con un simple prompt (¡mejor que Dall-E y sin límites!)

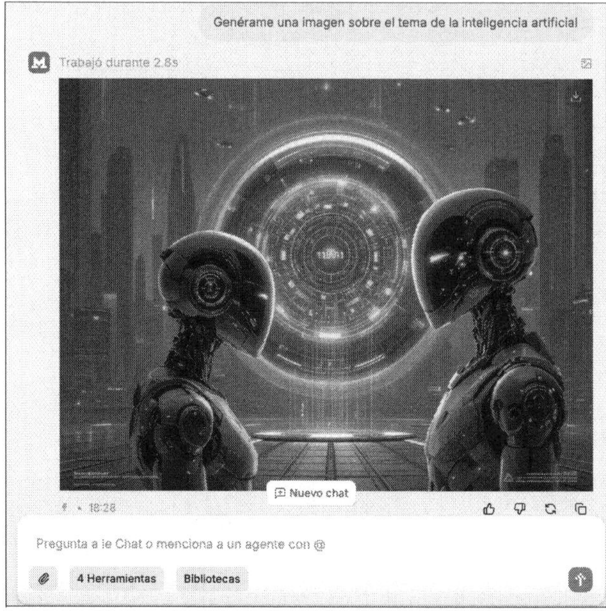

Las herramientas de generación de imágenes y búsqueda web se pueden combinar, lo que permite ilustrar un tema de actualidad, por ejemplo:

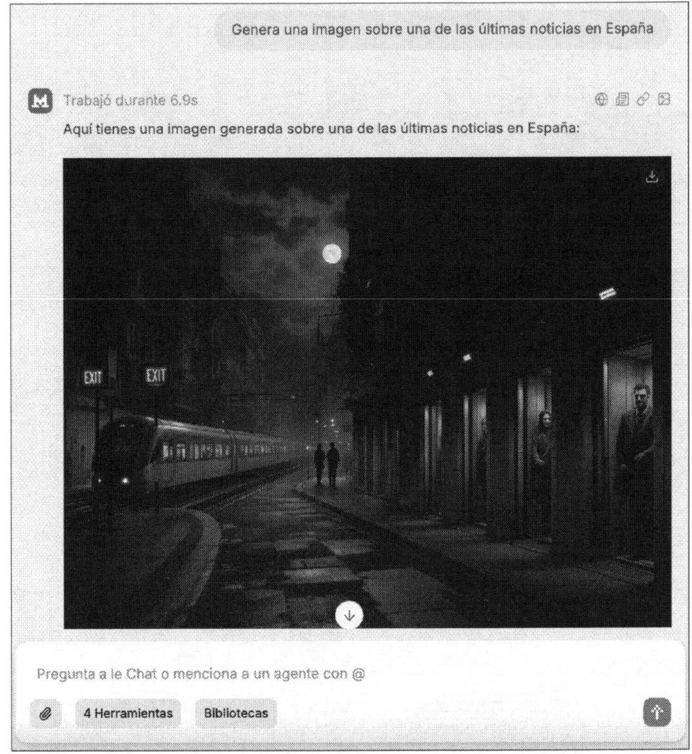

Mistral es actualmente una de las mejores opciones del mercado, ya que ofrece un uso totalmente gratuito e ilimitado en comparación con muchos de sus competidores, que ofrecen estas funciones de forma limitada o parcialmente de pago.

F. Claude: el nuevo campeón de los benchmarks

1. Claude 3

En marzo de 2024, Anthropic presentó su nueva generación de modelos de inteligencia artificial: la familia Claude 3. Este anuncio supuso un hito en la evolución de la IA generativa, con tres modelos de capacidades cada vez mayores: Claude 3 Haiku, Claude 3 Sonnet y Claude 3 Opus.

Claude 3 Opus, el modelo más avanzado, establece nuevos estándares en materia de rendimiento en una amplia gama de tareas cognitivas. Con su lanzamiento, es la primera vez que el mejor modelo disponible de OpenAI es superado en los benchmarks de evaluación habituales. Opus destaca especialmente en el análisis, la previsión, la creación de contenidos matizados, la generación de código y la conversación en varios idiomas.

Claude 3 Sonnet ofrece un equilibrio óptimo entre inteligencia y velocidad, lo que lo hace especialmente adecuado para cargas de trabajo empresariales. Es dos veces más rápido que su predecesor y ofrece niveles de inteligencia superiores. Sonnet está diseñado para tareas como la extracción de datos, la redacción de resúmenes y la creación de descripciones de productos.

Claude 3 Haiku es el modelo más compacto y rápido de la familia, diseñado para proporcionar respuestas casi instantáneas a consultas sencillas. Es especialmente adecuado para aplicaciones que requieren una respuesta inmediata, como chats en directo o autocompletado.

Todos los modelos Claude 3 cuentan con una ventana contextual de 200 000 tokens, con una ampliación prevista a 1 millón de tokens para Opus en determinados casos de uso. También son capaces de procesar imágenes, lo que añade una dimensión multimodal a sus capacidades.

Claude 3 destaca por su facilidad de uso, en particular por su capacidad para seguir instrucciones complejas de varios pasos y cumplir las directrices de marca. Los modelos también destacan en la producción de formatos estructurados como JSON, lo que facilita su integración en diversas aplicaciones.

Desde el 14 de mayo de 2024, Claude 3 está disponible de forma gratuita en la Unión Europea a través de claude.ai y la aplicación para iOS, lo que permite al público europeo acceder a esta tecnología avanzada de IA. Una versión Pro de pago da acceso a Opus, el modelo más potente, por 18 euros al mes sin impuestos.

	Claude 3 Opus	Claude 3 Sonnet	Claude 3 Haiku	GPT-4	GPT-3.5	Gemini 1.0 Ultra	Gemini 1.0 Pro
Undergraduate level knowledge *MMLU*	86.8% 5 shot	79.0% 5-shot	75.2% 5-shot	86.4% 5-shot	70.0% 5-shot	83.7% 5-shot	71.8% 5-shot
Graduate level reasoning *GPQA, Diamond*	50.4% 0-shot CoT	40.4% 0-shot CoT	33.3% 0-shot CoT	35.7% 0-shot CoT	28.1% 0-shot CoT	—	—
Grade school math *GSM8K*	95.0% 0-shot CoT	92.3% 0-shot CoT	88.9% 0-shot CoT	92.0% 5-shot CoT	57.1% 5-shot	94.4% Maj1@32	86.5% Maj1@32
Math problem-solving *MATH*	60.1% 0-shot CoT	43.1% 0-shot CoT	38.9% 0-shot CoT	52.9% 4-shot	34.1% 4-shot	53.2% 4-shot	32.6% 4-shot
Multilingual math *MGSM*	90.7% 0-shot	83.5% 0-shot	75.1% 0-shot	74.5% 8-shot	—	79.0% 8-shot	63.5% 8-shot
Code *HumanEval*	84.9% 0-shot	73.0% 0-shot	75.9% 0-shot	67.0% 0-shot	48.1% 0-shot	74.4% 0-shot	67.7% 0-shot
Reasoning over text *DROP, F1 score*	83.1 3-shot	78.9 3-shot	78.4 3-shot	80.9 3-shot	64.1 3-shot	82.4 Variable shots	74.1 Variable shots
Mixed evaluations *BIG-Bench-Hard*	86.8% 3-shot CoT	82.9% 3-shot CoT	73.7% 3-shot CoT	83.1% 3-shot CoT	66.6% 3-shot CoT	83.6% 3-shot CoT	75.0% 3-shot CoT
Knowledge Q&A *ARC-Challenge*	96.4% 25-shot	93.2% 25-shot	89.2% 25-shot	96.3% 25-shot	85.2% 25-shot	—	—
Common Knowledge *HellaSwag*	95.4% 10-shot	89.0% 10-shot	85.9% 10-shot	95.3% 10-shot	85.5% 10-shot	87.8% 10-shot	84.7% 10-shot

Fuente: https://www.researchgate.net/publication/382099568_Enhancing_Software_Code_Vulnerability_Detection_Using_GPT-4o_and_Claude-35_Sonnet_A_Study_on_Prompt_Engineering_Techniques

2. Claude 3.5

En el momento de escribir este libro, Claude 3.5 es la última evolución de la familia de modelos de inteligencia artificial desarrollada por Anthropic. Esta nueva generación aporta mejoras significativas en términos de rendimiento y capacidades en comparación con sus predecesores.

El primer modelo de esta serie en lanzarse es Claude 3.5 Sonnet, que establece nuevos estándares en la industria.

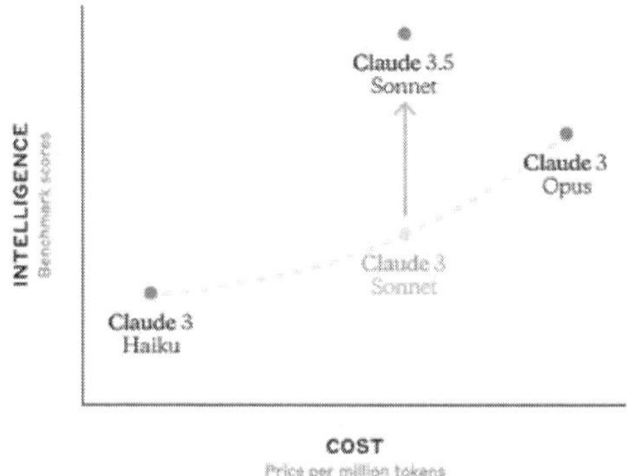

Fuente: https://www.anthropic.com/news/claude-3-5-sonnet

Claude 3.5 Sonnet destaca en una gran variedad de tareas complejas, entre las que se incluyen el razonamiento de alto nivel, la comprensión y el análisis de datos, la generación de contenidos y la programación. Demuestra capacidades avanzadas en campos como el procesamiento del lenguaje natural, el análisis visual y la resolución de problemas complejos.

Una de las principales innovaciones de Claude 3.5 Sonnet es su capacidad visual mejorada. Supera a los modelos anteriores en la interpretación y el análisis de datos visuales, especialmente en tareas que requieren un razonamiento visual sofisticado, como la interpretación de gráficos y diagramas. Esta característica resulta especialmente útil en sectores como el comercio minorista, la logística y los servicios financieros.

Claude 3.5 Sonnet también introduce una nueva función llamada «Artifacts» en la plataforma Claude.ai. Esta función permite a los usuarios generar, visualizar y modificar contenidos como fragmentos de código, documentos de texto o diseños web en un espacio de trabajo dinámico y en tiempo real. Esto supone una evolución significativa, ya que transforma a Claude de un simple asistente conversacional a un auténtico entorno de trabajo colaborativo.

En términos de accesibilidad, Claude 3.5 Sonnet está disponible de forma gratuita en Claude.ai y a través de la aplicación iOS Claude, con límites de uso más altos para los suscriptores de Claude Pro y Team. También se puede acceder a él a través de la API de Anthropic, Amazon Bedrock y Vertex AI de Google Cloud.

Claude 3.5 Sonnet benchmarks

	Claude 3.5 Sonnet	Claude 3 Opus	GPT-4o	Gemini 1.5 Pro	Llama-400b (early snapshot)
Graduate level reasoning *GPQA, Diamond*	59.4%* 0-shot CoT	50.4% 0-shot CoT	53.6% 0-shot CoT	—	—
Undergraduate level knowledge *MMLU*	88.7%** 5-shot	86.8% 5-shot	—	85.9% 5-shot	86.1% 5-shot
	88.3% 0-shot CoT	85.7% 0-shot CoT	88.7% 0-shot CoT	—	—
Code *HumanEval*	92.0% 0-shot	84.9% 0-shot	90.2% 0-shot	84.1% 0-shot	84.1% 0-shot
Multilingual math *MGSM*	91.6% 0-shot CoT	90.7% 0-shot CoT	90.5% 0-shot CoT	87.5% 8-shot	—
Reasoning over text *DROP, F1 score*	87.1 3-shot	83.1 3-shot	83.4 3-shot	74.9 Variable shots	83.5 3-shot Pre-trained model
Mixed evaluations *BIG-Bench-Hard*	93.1% 3-shot CoT	86.8% 3-shot CoT	—	89.2% 3-shot CoT	85.3% 3-shot CoT Pre-trained model
Math problem-solving *MATH*	71.1% 0-shot CoT	60.1% 0-shot CoT	76.6% 0-shot CoT	67.7% 4-shot	57.8% 4-shot CoT
Grade school math *GSM8K*	96.4% 0-shot CoT	95.0% 0-shot CoT	—	90.8% 11-shot	94.1% 8-shot CoT

* Claude 3.5 Sonnet scores 67.2% on 5-shot CoT GPQA with maj@32
** Claude 3.5 Sonnet scores 90.4% on MMLU with 5-shot CoT prompting

A\

Fuente: https://www.anthropic.com/news/claude-3-5-sonnet

3. Los Artifacts

Los Artifacts son una nueva e innovadora función introducida por Anthropic para Claude 3.5 Sonnet.

Permiten a los usuarios visualizar, modificar e iterar en tiempo real sobre el contenido generado por Claude en una ventana dedicada, adyacente a la conversación principal. Esta función es especialmente útil para la creación y manipulación de diversos tipos de contenido, como fragmentos de código, documentos de texto, diseños web e incluso aplicaciones interactivas.

4. Algunos puntos claves sobre los Artifacts de Claude

- Accesibilidad: los Artifacts están disponibles de forma gratuita para todos los usuarios de Claude.ai, incluso en las aplicaciones móviles para iOS y Android.
- Versatilidad: los usuarios pueden crear una gran variedad de contenidos, desde simples calculadoras hasta juegos interactivos, pasando por aplicaciones de dibujo y temporizadores Pomodoro.
- Interactividad: los Artifacts no son estáticos; se pueden publicar, compartir a través de un enlace e incluso «remezclar» por otros usuarios, lo que fomenta la colaboración y la iteración.
- Facilidad de uso: la creación de Artifacts no requiere conocimientos de programación. Los usuarios solo tienen que describir lo que quieren crear y Claude generará el código y hará que la aplicación o el contenido sea funcional.
- Múltiples Artifacts: es posible abrir y visualizar varios Artifacts en una sola conversación, lo que ofrece una mayor flexibilidad en la gestión de proyectos complejos.
- Integración con los proyectos de Claude: los Artifacts se pueden combinar con la función de proyectos de Claude para tareas más complejas, como la creación de una base de conocimientos a partir de varios archivos PDF.

Los Artifacts representan una evolución significativa en la forma en que los usuarios pueden interactuar con la IA, ya que ofrecen un espacio de trabajo dinámico donde se pueden crear rápidamente prototipos, visualizar y perfeccionar ideas. Esta función abre nuevas posibilidades para la creación de contenido, el desarrollo de aplicaciones y la resolución de problemas complejos, al tiempo que hace que la IA sea más accesible e intuitiva para un amplio abanico de usuarios.

A continuación, se muestra un ejemplo de calculadora interactiva de inversión en ETF creada directamente desde la interfaz de Claude:

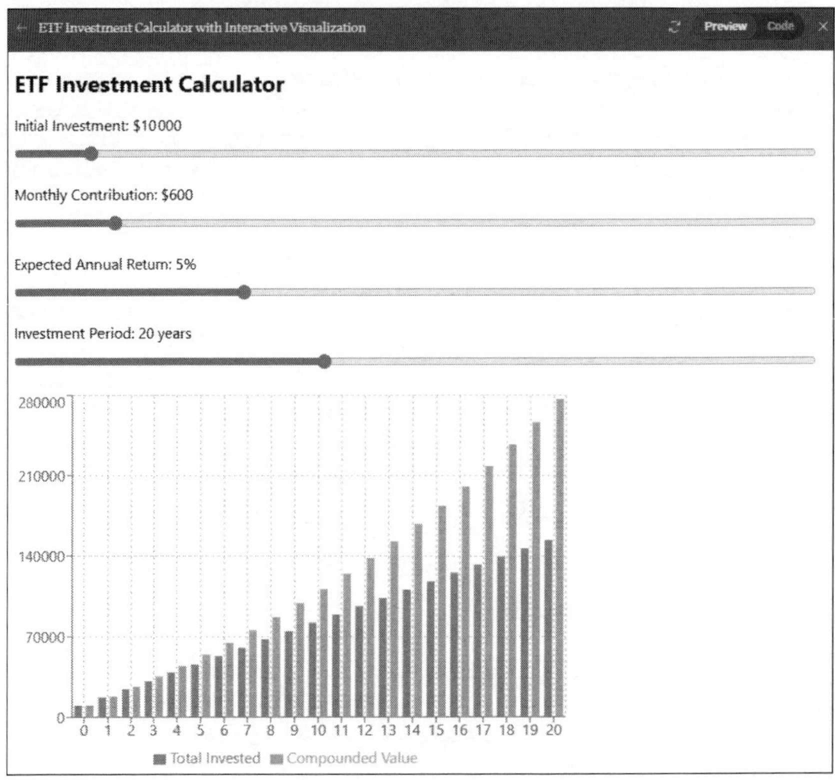

G. El Playground de OpenAI

Playground es una plataforma web interactiva diseñada para permitir a los usuarios explorar y experimentar con los modelos de lenguaje de OpenAI, como GPT-3 y GPT-4. Esta interfaz ofrece un entorno dinámico en el que desarrolladores, investigadores y entusiastas de la IA pueden interactuar directamente con los modelos y probar diferentes funciones y aplicaciones de la inteligencia artificial.

Para comprender plenamente las capacidades de OpenAI Playground, debemos sumergirnos en sus entresijos y funciones para explorar lo que puede hacer. Además, veremos una oportunidad única para evitar la detección de IA utilizando diversos parámetros disponibles en la plataforma.

1. Los nuevos parámetros

OpenAI Playground se basa en los parámetros de Playground para permitir a los usuarios adaptar el comportamiento de los modelos de IA. Al jugar con estos parámetros, puede ajustar la longitud de la respuesta, diseñar prompts e incluso elegir el nivel de aleatoriedad de las respuestas.

Para utilizar esta plataforma y hablar con los diferentes modelos, será necesario recargar créditos con un mínimo de 5 $.

Para comprender mejor esta plataforma, aquí tiene un resumen rápido de sus parámetros:

- Vaya al sitio web https://platform.openai.com/playground
- En la lista desplegable «Model» (Modelo) del panel derecho, seleccione la IA con la que desea hablar. Por defecto, GPT-4o es la opción más avanzada. Sin embargo, otras IA pueden ser menos «inteligentes», pero le costarán menos por el mismo uso.

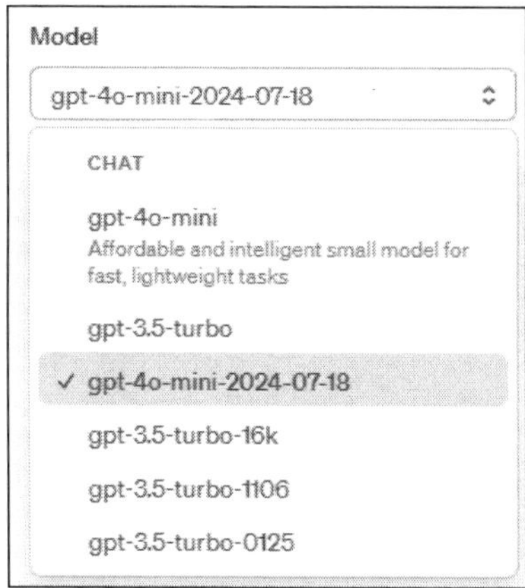

- Puede ajustar la longitud de las respuestas con el control deslizante **Maximum length**. Esta función es especialmente útil cuando necesita respuestas más largas, por ejemplo, para redactar un texto de 2000 palabras.

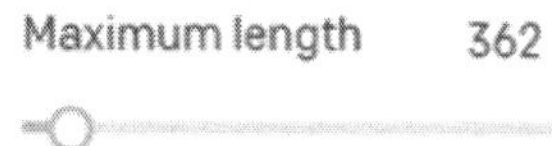

- Utilice el ajuste de **Temperature** para controlar el grado de aleatoriedad de cada respuesta. Las temperaturas más bajas aumentan la probabilidad de respuestas más comunes, lo que resulta especialmente útil cuando solo hay una respuesta correcta.

Si busca respuestas más creativas (por ejemplo, para generar ideas de negocio), una temperatura más alta aumentará la variedad.

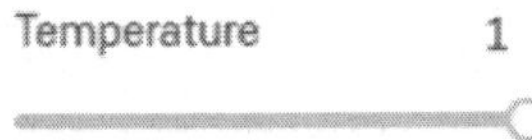

Para asegurarse de que la IA o los usuarios no se repitan en las listas de texto o frases generadas, considere la posibilidad de utilizar secuencias de parada. También puede utilizar esta función para generar listas con un número definido de elementos.

- Afine aún más el resultado utilizando el control deslizante **Top P**, que le permite controlar la precisión y el alcance de las respuestas al generar el texto.

Top P puede ayudar a encontrar respuestas probables con precisión después de explorar muchas posibilidades, pero mantenga un registro de sus gastos, ¡ya que consumirá varias créditos!

Recuerde que parámetros como **Temperature** *y* **Top P** *establecen el grado de determinismo (y no necesariamente de creatividad) de su modelo cuando genera respuestas. Para las indicaciones que solo tienen una respuesta correcta, estos parámetros deben ser bajos; si desea cierta variedad, es mejor utilizar parámetros más altos.*

- Ajuste los controles deslizantes de penalización por frecuencia (**Frequency penalty**) y por presencia (**Presence penalty**) para evitar secuencias repetitivas. Estos controles reducen el riesgo de que se repitan estructuras gramaticales.

Frequency penalty 0.7

Presence penalty 0.3

Top P 1

Si las cosas no salen como esperaba con su resultado, ¡compruebe primero sus ajustes! Pequeños ajustes pueden suponer grandes cambios.

2. Qué puede hacer con Playground

Puede escribir un texto único que es totalmente indetectable por la IA. Esto significa que, si escribe blogs, no correrá el riesgo de ser bloqueado por Google. Si escribe correos electrónicos para una empresa, esta no podrá saber si el texto ha sido redactado por IA (aunque a ellos no les importe, solo si es de calidad o no). Cualquier servicio que preste gracias a esta tecnología parecerá humano, lo que es perfecto para ofrecer un gran valor añadido.

Comparemos Playground y ChatGPT para comprender mejor esta herramienta:

Características	OpenAI Playground	ChatGPT
Objetivo	Orientado a desarrolladores e investigadores para experimentación	Diseñado para ser utilizado por el público en general
Interfaz de Usuario	Interfaz web con opciones de personalización y funciones de arrastrar y soltar	Interfaz basada en la web, en texto
Modelos de IA	Varios modelos de IA, posibilidad de ajuste fino y entrenamiento	Un solo modelo de IA (GPT-3) sin ajuste fino ni entrenamiento personalizado
Uso	Probar y desarrollar modelos de IA, implementar IA en aplicaciones personalizadas	Conversaciones, asistencia en redacción de documentos, traducciones, evaluación de código, recomendaciones personalizadas
Entrenamiento	Incluye modelos preentrenados y permite entrenar modelos personalizados	Utiliza un modelo preentrenado, sin entrenamiento ni ajuste fino por parte del usuario
Personalización	Alto nivel de personalización, incluyendo variables y longitud de respuestas	Personalización limitada, no recuerda sesiones anteriores
Tarificación	Gratuito, algunas funciones requieren pago	Gratuito, pero el acceso puede estar limitado en momentos de congestión

Un poco de contexto para esta table: primero creé mi propia table y tuve curiosidad por saber qué podría sacar ChatGPT si le daba todos los datos que había recopilado. ¡Lo hizo mejor que yo!

3. Evitar la detección de IA

Jugué con los parámetros **Temperature** y **Top P**, la penalización por frecuencia y la penalización por presencia para crear textos totalmente únicos que no son detectados por la IA. Si mira las capturas de pantalla de arriba, verá exactamente los parámetros que utilizo para redactar contenido original e interesante, por ejemplo, para el marketing por correo electrónico.

Una cosa que me gusta decirle a Playground cuando escribo es «No quiero palabras de transición». Verá rápidamente que a ChatGPT y Playground les encanta escribir «Además», «Sin embargo», «No obstante» y «En conclusión». A estas alturas es casi como una firma. Este truco funciona bien con Playground, pero no con ChatGPT, lo que se debe probablemente a la falta de ajustes.

En el Playground, en la barra vertical de la izquierda, puede elegir entre dos modos distintos: el modo libre y el modo asistente. Cada uno de estos modos está diseñado para satisfacer necesidades concretas, ofreciendo así experiencias variadas que se adaptan a diferentes expectativas. Mientras que el modo libre fomenta la creatividad y la exploración sin restricciones, el modo asistente se centra en la realización de tareas específicas con eficacia y estructura.

4. El modo Playground

El modo Playground es una función especialmente fascinante, diseñada para aquellos que desean sumergirse en un universo donde ninguna barrera tecnológica frena su creatividad. A diferencia de las plataformas para el público en general, como ChatGPT, que suelen estar limitadas por restricciones de seguridad y moderación, el modo Playground permite una interacción libre y sin restricciones. Esta mayor libertad abre posibilidades de exploración sin igual con la inteligencia artificial generativa.

Este modo resulta especialmente útil para los usuarios que desean explorar en profundidad las capacidades de generación de texto de la inteligencia artificial. Por ejemplo, un escritor podría encontrar la inspiración necesaria para experimentar nuevos enfoques narrativos o diseñar estructuras argumentales innovadoras. Del mismo modo, un desarrollador de software puede evaluar la IA en diversos escenarios complejos para comprender mejor su comportamiento en condiciones extremas. Este modo también es perfecto para aquellos que desean crear contenidos avanzados, ya sea para elaborar artículos técnicos detallados, guionizar vídeos interactivos o desarrollar herramientas pedagógicas ricas y dinámicas.

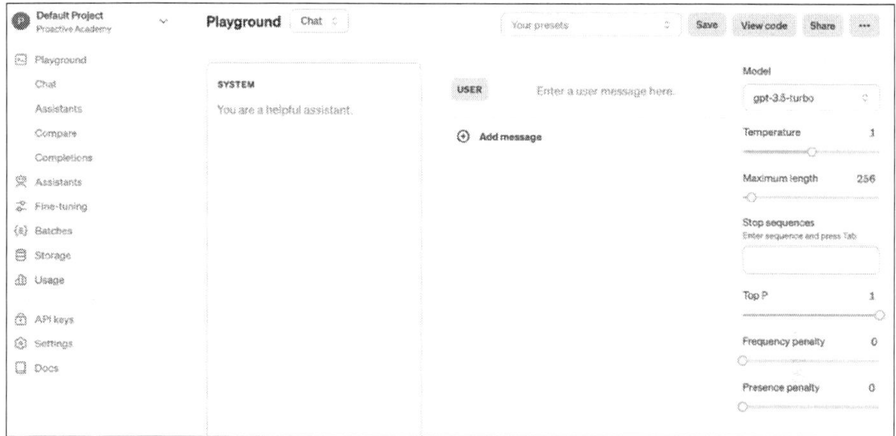

5. El modo Assistant

En contraposición al modo Playground, se encuentra el modo , Assistant situado a la izquierda, una función diseñada para ofrecer asistencia especializada y orientada a la realización de tareas específicas. Más estructurado y metódico, este modo se centra específicamente en las necesidades concretas del día a día, haciendo que cada interacción sea útil y relevante. La herramienta se convierte así en un asistente virtual eficaz, capaz no solo de responder, sino también de anticiparse a sus necesidades en materia de búsqueda de información, planificación o resolución de problemas.

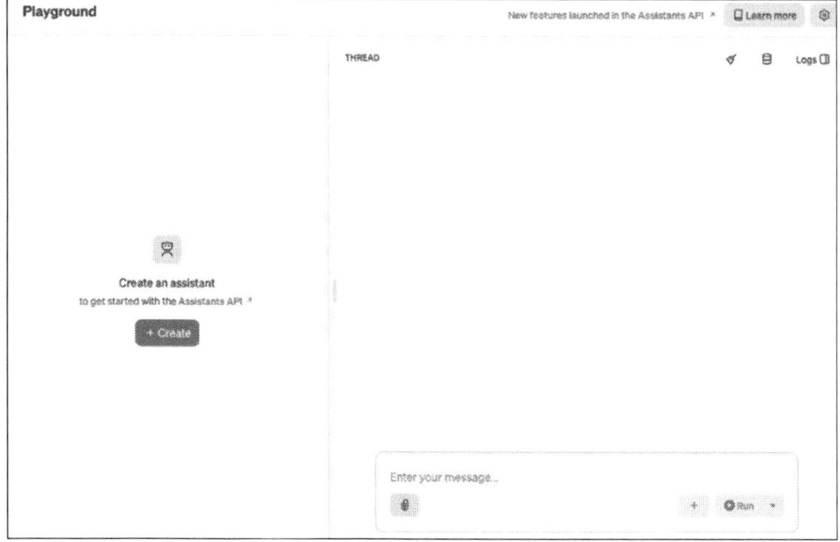

El modo Assistant es ideal para usuarios que deben gestionar soluciones específicas y precisas en sus rutinas profesionales y personales. Tomemos como ejemplo al profesional con una agenda muy apretada que debe redactar multitud de correos electrónicos cada día: gracias al modo Assistant la redacción se simplifica enormemente, ya que podrá partir de una base correcta en un 80 % y solo tendrá que realizar algunos ajustes. Para los gestores de proyectos, el asistente digital se convierte en un socio inestimable en la coordinación de calendarios, el seguimiento de los progresos y la anticipación de posibles obstáculos.

Todos estos parámetros resultan especialmente útiles para los desarrolladores y profesionales que buscan integrar la IA en sus proyectos. Su flexibilidad permite probar y perfeccionar las indicaciones antes de su implementación en aplicaciones, lo que ofrece un campo de pruebas ideal para la innovación y la experimentación.

6. GPT para Sheets y Docs

Utilizando la clave API de OpenAI (la encontrá haciendo clic en sus iniciales en la parte superior derecha de **Playground** y, a continuación, en **Your profile** y **User API Keys**), puede integrar ChatGPT en Google Sheets y Docs y utilizarlo directamente desde Google Drive. Lo he utilizado recientemente para crear varias hojas de cálculo para un cliente y me he sentido como un superhéroe al hacerlo.

Todo lo que tiene que hacer es conectar esta clave a la extensión llamada GPT para Sheets y Docs en Google Workspace Marketplace. En términos de flujo de trabajo, se trata de una automatización muy potente, ya que solo tiene que escribir sus consultas dentro de una celda para Sheets y a la derecha para Docs para obtener una respuesta rápida. Escribir nunca ha sido tan rápido. Cada día estamos más cerca de Jarvis, la superpotente IA que ayuda a Iron Man.

También puede utilizar Copilot de Microsoft, pero es más caro y, tras probarlo durante unos meses en 2024, nos pareció bastante flojo, sobre todo en Excel y Teams.

Microsoft Copilot es un asistente de inteligencia artificial integrado en aplicaciones de Microsoft 365 como Word, Excel y PowerPoint. Ayuda a los usuarios generando texto, analizando datos y creando presentaciones basadas en indicaciones o documentos existentes. Aunque Copilot mejora la productividad al automatizar ciertas tareas, es posible que no alcance el mismo nivel de sofisticación que otras IA más avanzadas presentadas en este libro. Esta diferencia puede deberse a su especialización en aplicaciones concretas y a una integración más estrecha, lo que puede limitar su versatilidad y su capacidad para gestionar tareas avanzadas o interdisciplinarias.

H. Comparativa de todas estas IA

Estas comparativas son un conjunto de hechos y experiencias personales tras dedicar cientos de horas a estas IA. Es posible que no esté de acuerdo, y no pasa nada. El objetivo aquí es presentarle cada IA desde mi punto de vista y ayudarle a ahorrar tiempo (y dinero) en su elección. Estas opiniones son exclusivamente mías.

1. Para particulares

Empecemos por ChatGPT, equipado con el modelo GPT-4o de OpenAI. Esta combinación destaca por su notable versatilidad, especialmente cuando se trata de trabajar con distintos tipos de documentos y de aprovechar los recursos de la comunidad. Los GPT personalizables ofrecen una gran flexibilidad, lo que permite a los usuarios adaptar la IA a sus necesidades específicas. Si desea analizar informes complejos, generar contenido creativo o incluso programar, GPT-4o se impone como la mejor opción.

Para la investigación documental y la verificación de datos, Perplexity destaca claramente. Aunque no se trata de un modelo de IA propiamente dicho, Perplexity utiliza de forma inteligente otros modelos como GPT para realizar búsquedas en tiempo real en Internet. Este enfoque híbrido le permite proporcionar respuestas de una precisión extraordinaria, siempre actualizadas y acompañadas de fuentes verificables. Es una herramienta muy valiosa para periodistas, investigadores y cualquier persona que necesite información fiable y actualizada.

En el campo de la programación, Mistral, con su modelo Codestral, ha logrado avances impresionantes. Sin embargo, son los Artifacts de Claude los que parecen llevar la delantera. La capacidad de Claude para comprender y generar código complejo, al tiempo que proporciona explicaciones claras y detalladas, lo convierte en un aliado ideal para los desarrolladores. Combine esto con los Artifacts y tendrá un líder indiscutible en programación.

Por último, para la redacción clásica, el Playground de OpenAI se revela como el mejor compañero. La posibilidad de configurar con precisión la IA permite a los redactores producir textos de una calidad excepcional, adaptados a una gran variedad de estilos y tonos.

2. Para empresas

a. Calidad de los modelos

El benchmark MMLU (*Massive Multitask Language Understanding*) se utiliza para evaluar la calidad de estos modelos de IA en términos de capacidad de razonamiento general. Entre los modelos analizados, GPT-4o Mini destaca como el que ofrece la mejor calidad. Con una puntuación MMLU cercana a 0,85, se sitúa en el cuadrante más atractivo, ya que combina una alta calidad con un coste relativamente bajo. Esto lo convierte en una opción sólida para las empresas que buscan un equilibrio entre rendimiento y coste.

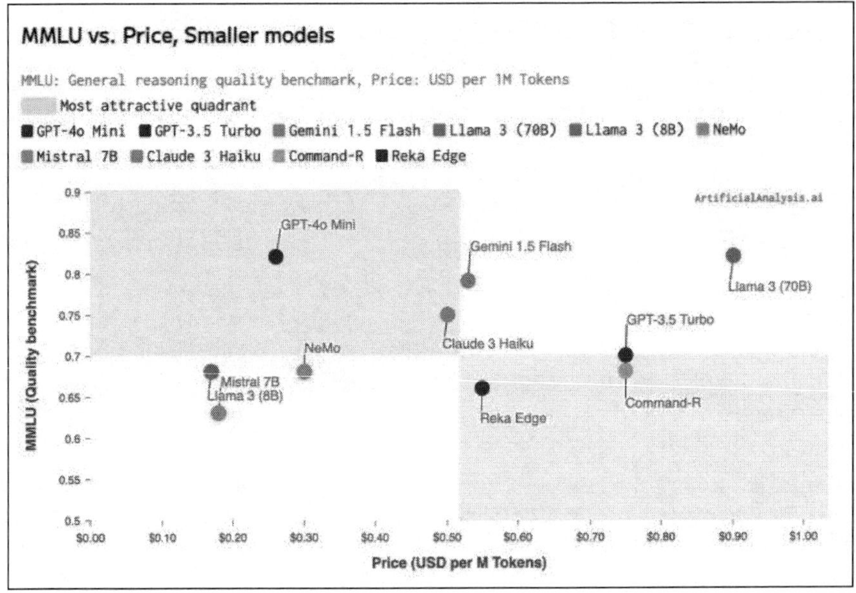

Source: https://artificialanalysis.ai/models

Otros modelos como Gemini 1.5 Flash y Claude 3 Haiku también ofrecen una buena calidad, con puntuaciones MMLU de aproximadamente 0,8 y 0,75, respectivamente. Sin embargo, estos modelos son ligeramente más caros que GPT-4o Mini.

b. Modelos con el mejor precio

Si el objetivo principal es minimizar los costes manteniendo una calidad aceptable, los modelos Mistral 7B y Llama 3 (8B) son los más competitivos en términos de precio. Aunque no ofrecen la misma calidad que los modelos de gama alta, su bajo coste, que ronda los 0,10 dólares estadounidenses por millón de tokens, los convierte en opciones atractivas para empresas con necesidades más limitadas o con restricciones presupuestarias importantes.

Mistral 7B tiene una calidad MMLU de aproximadamente 0,7, lo que sigue siendo razonable, mientras que Llama 3 (8B) se sitúa justo por debajo con una puntuación similar. Estos modelos son ideales para aplicaciones en las que el coste es un factor determinante, pero en las que sigue siendo necesaria una calidad aceptable.

c. Conclusión

En resumen, para las empresas que buscan la mejor calidad de razonamiento, GPT-4o Mini es el modelo a elegir. Combina un alto rendimiento con un precio competitivo. Para aquellas que buscan reducir costes sin renunciar a una calidad razonable, Mistral 7B y Llama 3 (8B) son las mejores opciones. Estos modelos permiten obtener un buen retorno de la inversión respetando las restricciones presupuestarias.

A continuación, encontrará una captura de pantalla del chatbot arena. La arena LMSys es una plataforma de evaluación comparativa de modelos de lenguaje desarrollada por lmsys.org. Esta plataforma ofrece un entorno en el que se pueden probar y comparar de forma objetiva y transparente diferentes modelos de inteligencia artificial conversacional. Una de las características clave de la arena es su enfoque de prueba a ciegas, en el que los usuarios interactúan con diferentes modelos sin saber cuál están utilizando, lo que garantiza una evaluación imparcial. El escenario utiliza un sistema de clasificación Elo, similar al utilizado en el ajedrez, para evaluar y clasificar el rendimiento relativo de los modelos. Este práctico sistema me permite seguir la evolución del rendimiento de los diferentes modelos a lo largo del tiempo. Vd. también puede hacerlo aquí: https://lmarena.ai/?arena.

Category
Overall

Overall Questions
#models: 136 (100%) #votes: 1,762,122 (100%)

Rank* (UB)	Model	Arena Score	95% CI	Votes	Organization
1	ChatGPT-4o-latest (2024-08-08)	1316	+4/-4	24023	OpenAI
2	Gemini-1.5-Pro-Exp-0827	1301	+5/-5	19910	Google
2	Gemini-1.5-Pro-Exp-0801	1298	+4/-4	25211	Google
2	Grok-2-08-13	1295	+6/-6	10019	xAI
5	GPT-4o-2024-05-13	1286	+3/-2	82934	OpenAI
6	GPT-4o-mini-2024-07-18	1274	+4/-4	23147	OpenAI
6	Gemini-1.5-Flash-Exp-0827	1271	+7/-6	6282	Google
6	Claude 3.5 Sonnet	1270	+3/-3	53352	Anthropic
6	Gemini Advanced App (2024-05-14)	1266	+3/-3	52225	Google
6	Meta-Llama-3.1-405b-Instruct	1266	+3/-5	24584	Meta
6	Grok-2-Mini-08-13	1265	+6/-5	10791	xAI
7	GPT-4o-2024-08-06	1262	+5/-5	14886	OpenAI
10	Gemini-1.5-Pro-001	1259	+3/-3	74660	Google

Capítulo 1-4
Casos prácticos y Prompt Engineering

A. ¡Instalemos estas IA y juguemos con ellas! 81
B. El prompt engineering (o cómo comunicarse con la IA) 100

A. ¡Instalemos estas IA y juguemos con ellas!

1. Empezar con ChatGPT

Haremos los ejercicios en ChatGPT, ya que sin duda es el más conocido y el más fácil para comenzar.

✎ El primer paso es crear una cuenta en https://chatgpt.com/auth/login.

✎ Haga clic en **Suscribirse gratuitamente** y se le redirigirá a esta pantalla de inicio de sesión.

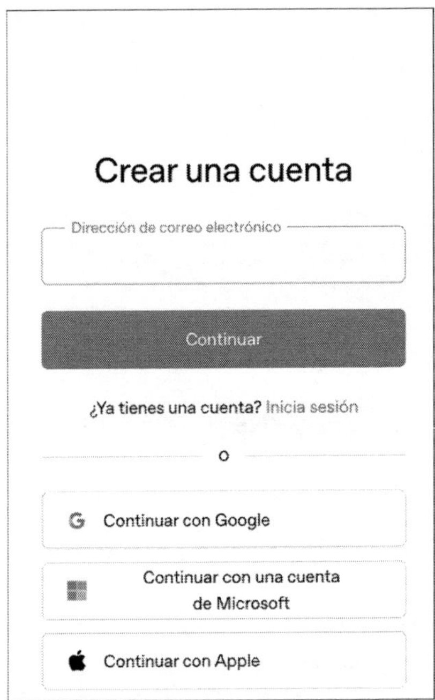

- Introduzca sus datos de acceso, como su dirección de correo electrónico y su contraseña. También puede continuar con Google o con su cuenta de Microsoft si lo prefiere.

Una vez que haya iniciado sesión, aparecerá un tutorial.

- Lea todo y haga clic en **Siguiente** hasta llegar a la pantalla siguiente:

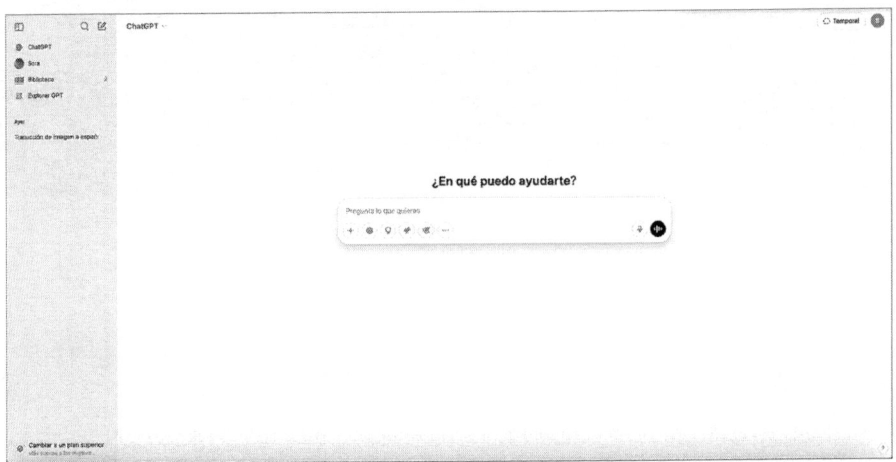

- Si prefiere tener la interfaz en español, puede cambiar el idioma. Haga clic en su perfil en la parte superior derecha y luego en **Configuración**.
- En el panel izquierdo de la ventana **Configuración**, haga clic en **General** y, a continuación, en el menú desplegable **Idioma**, seleccione **español (España)**.

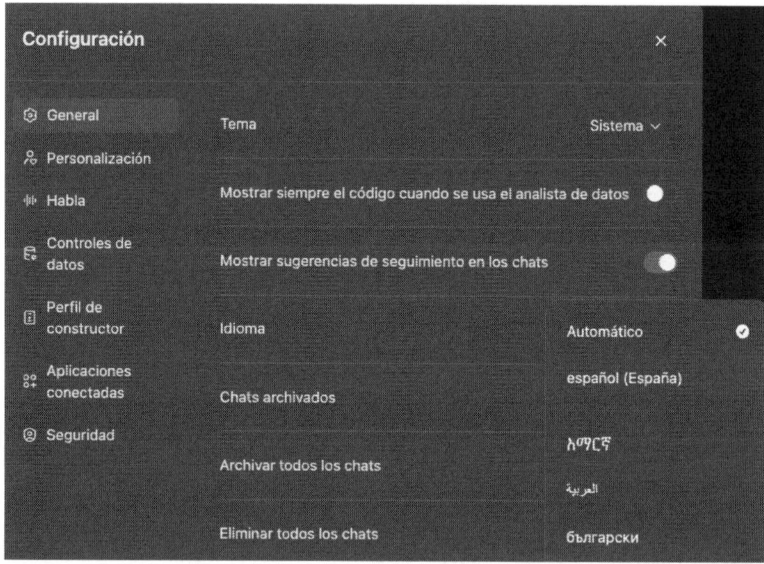

Si se siente cómodo con el inglés, le recomiendo que lo deje tal cual y trabaje siempre en ese idioma. ChatGPT se ha entrenado principalmente con datos estadounidenses, por lo que funcionará mejor en ese idioma. El siguiente gráfico muestra la diferencia, bastante sorprendente, entre las capacidades del modelo según el idioma:

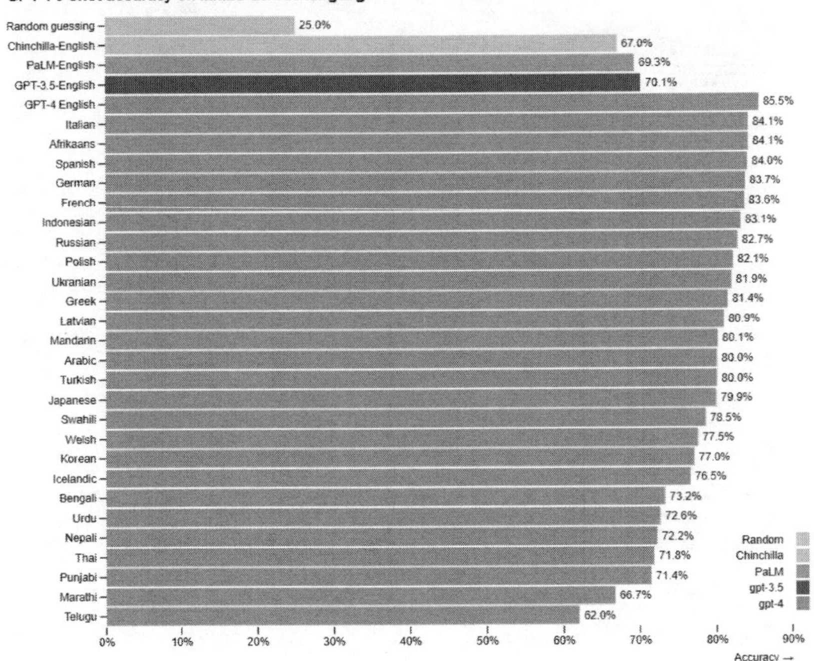

Fuente: OpenAI

Es importante señalar que las diferencias son menos evidentes que antes con GPT-4 y GPT-4o. Dado que este libro está en español, vamos a simplificar las cosas y redactar todos nuestros mensajes (prompts) a la IA en español. Sin embargo, tenga esto en cuenta, ya que es fundamental.

El fondo blanco puede dañar los ojos, así que déjeme guiarle.

✎ Vuelve a los ajustes, haga clic en **Tema** y luego en **Oscuro**.

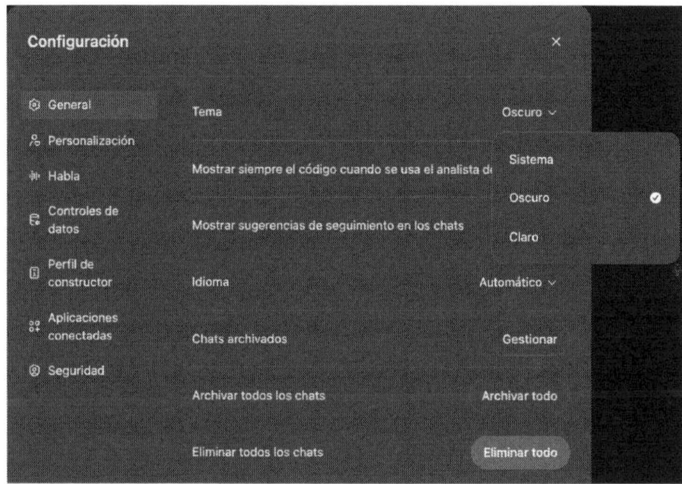

Si desea desactivar la opción **Mejorar el modelo para todos en ChatGPT**, siga estos pasos. Esta función permite a OpenAI utilizar sus conversaciones para perfeccionar y mejorar futuros modelos. Sin embargo, si prefiere preservar la confidencialidad de sus intercambios, se recomienda desactivar esta opción.

- Haga clic en su perfil o nombre de usuario en la esquina superior derecha de la pantalla para abrir el menú desplegable.
- En el menú desplegable, seleccione la opción **Configuración**.
- A continuación, en el panel izquierdo, haga clic en la sección **Controles de datos**. Una vez en la configuración de privacidad, haga clic en la opción **Mejorar el modelo para todos**. A continuación, simplemente mueva el cursor o desmarque la casilla para desactivar esta función.

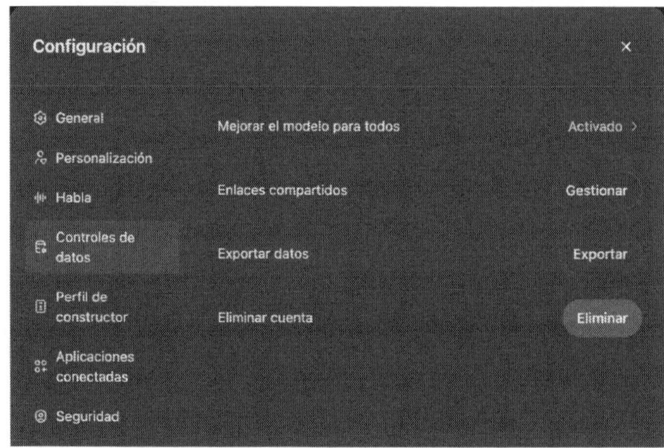

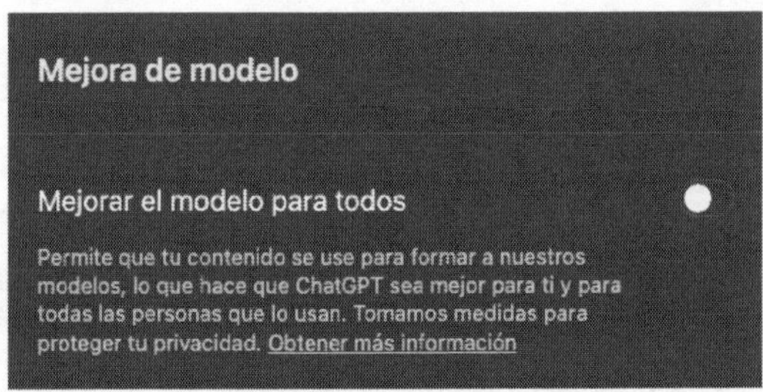

Cierre la pestaña **Configuración** y ya estará listo.

2. Práctica

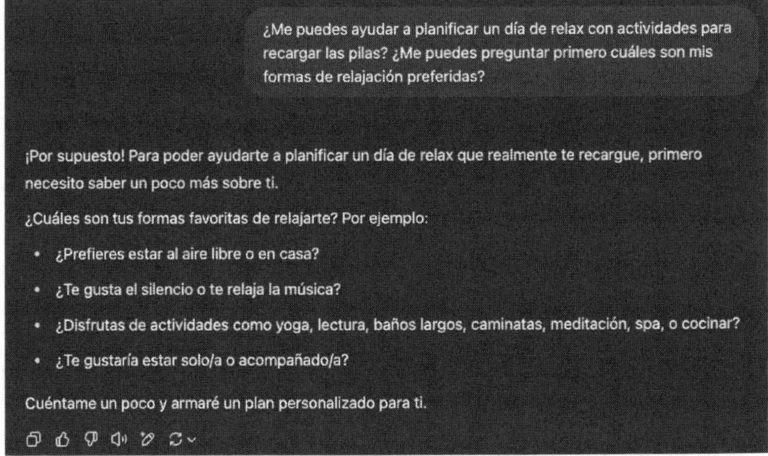

Si es nuevo en el mundo de los chatbots y la IA, quizá se pregunte: «Vale, es interesante, pero ¿por qué tanto revuelo en los medios?». Supongamos que queremos que nos guíen en un día de relax con yoga y spa. En lugar de hacer varias búsquedas en Google, podemos simplemente escribir «yoga y spa» y dejar que el modelo comprenda el contexto por sí mismo. ¡Pruébelo!

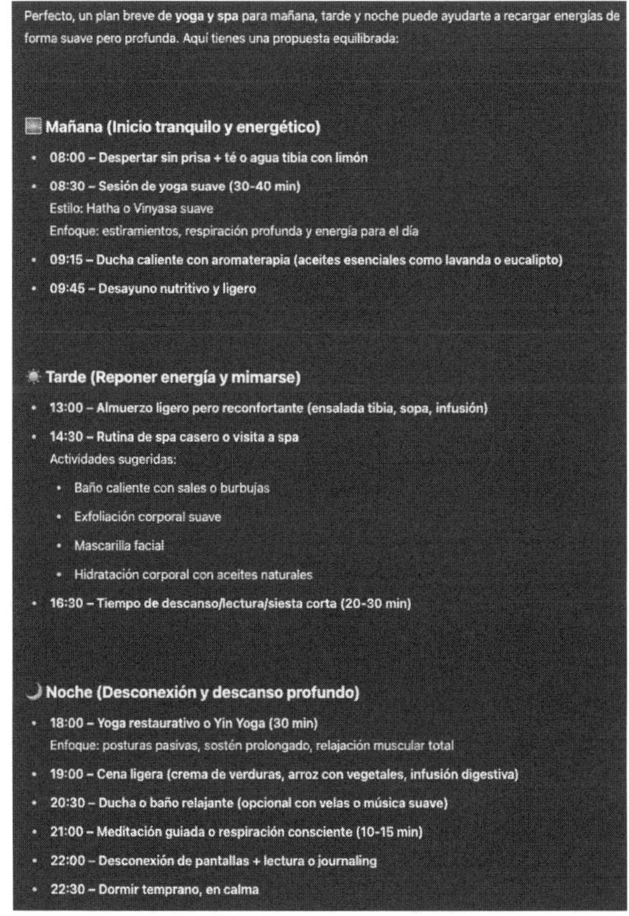

Perfecto, un plan breve de **yoga y spa** para mañana, tarde y noche puede ayudarte a recargar energías de forma suave pero profunda. Aquí tienes una propuesta equilibrada:

Mañana (Inicio tranquilo y energético)

- **08:00 – Despertar sin prisa + té o agua tibia con limón**
- **08:30 – Sesión de yoga suave (30-40 min)**
  Estilo: Hatha o Vinyasa suave
  Enfoque: estiramientos, respiración profunda y energía para el día
- **09:15 – Ducha caliente con aromaterapia (aceites esenciales como lavanda o eucalipto)**
- **09:45 – Desayuno nutritivo y ligero**

Tarde (Reponer energía y mimarse)

- **13:00 – Almuerzo ligero pero reconfortante (ensalada tibia, sopa, infusión)**
- **14:30 – Rutina de spa casero o visita a spa**
  Actividades sugeridas:
  - Baño caliente con sales o burbujas
  - Exfoliación corporal suave
  - Mascarilla facial
  - Hidratación corporal con aceites naturales
- **16:30 – Tiempo de descanso/lectura/siesta corta (20-30 min)**

Noche (Desconexión y descanso profundo)

- **18:00 – Yoga restaurativo o Yin Yoga (30 min)**
  Enfoque: posturas pasivas, sostén prolongado, relajación muscular total
- **19:00 – Cena ligera (crema de verduras, arroz con vegetales, infusión digestiva)**
- **20:30 – Ducha o baño relajante (opcional con velas o música suave)**
- **21:00 – Meditación guiada o respiración consciente (10-15 min)**
- **22:00 – Desconexión de pantallas + lectura o journaling**
- **22:30 – Dormir temprano, en calma**

¡Mágico! ChatGPT entendió que queríamos un programa completo y lo detalló en tres partes: mañana, tarde y noche.

Si es la primera vez que utiliza esta herramienta, creo que le vendría bien jugar un poco con ella. Al fin y al cabo, ¡es la mejor manera de aprender! Intente hablarle en otro idioma, hágale una pregunta compleja relacionada con su trabajo, pídale que le escriba un chiste, etc.

Es posible que se sorprenda de la calidad de las respuestas. Ahora tiene un asistente virtual muy potente, ¡enhorabuena!

✎ Tomemos otro ejemplo; pídale que le enseñe japonés.

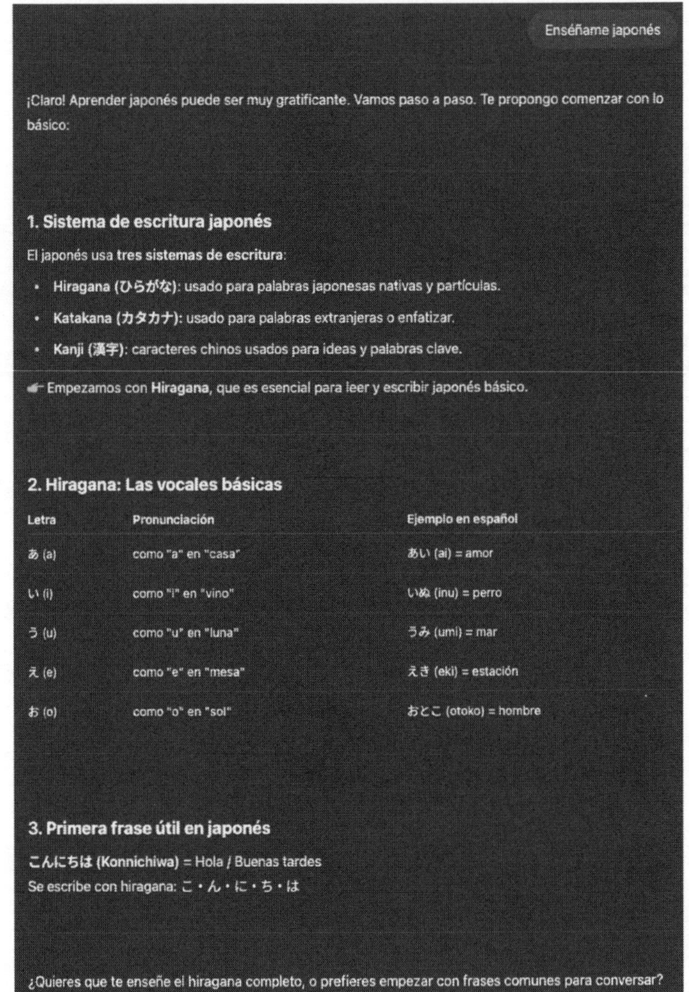

Como puede ver, la respuesta es muy completa. ChatGPT presenta varios apartados (el alfabeto, expresiones básicas, pronunciación, etc.), y usted es libre de profundizar solicitando información sobre cualquiera de ellos o incluso sobre uno de los subapartados.

Por ejemplo, puede solicitar una lección sobre todas las expresiones básicas similares a «adiós»:

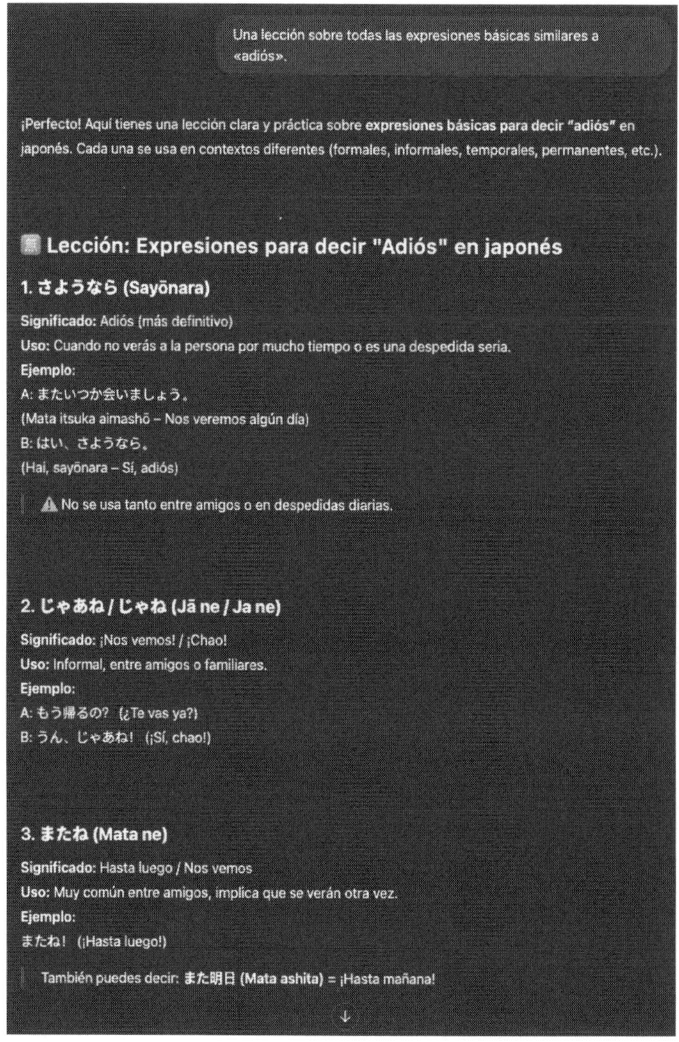

No ha tenido que escribir frases, la IA entiende perfectamente lo que quiere decir.

3. Consejos y trucos

Ahora puede ver que la conversación que tuvo anteriormente se ha guardado en la parte izquierda de la pantalla.

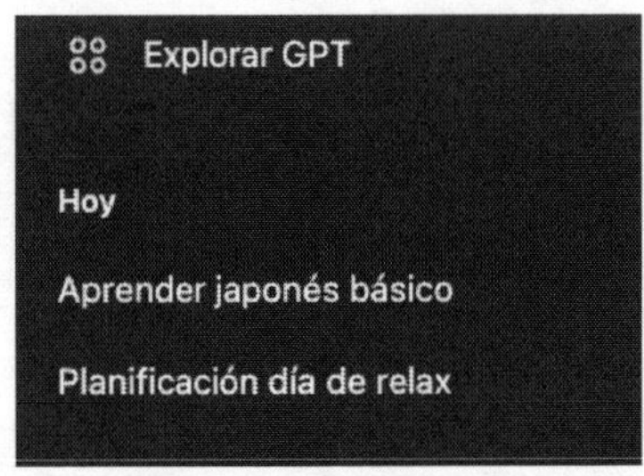

- Si quiere iniciar una nueva conversación desde cero, haga clic en **ChatGPT**. Si quiere volver a una conversación anterior, solo tiene que hacer clic en ella.
- Si quiere obtener más información, puede consultar la sección de ayuda de OpenAI. Para acceder a ella, haga clic en este enlace: https://help.openai.com/en/collections/3742473-chatgpt. Siempre puede intentar preguntarle a ChatGPT, ¡quizás sea más fácil y rápido!
- Si tiene un mensaje largo que enviar a ChatGPT (lo que se conoce como un prompt) y quiere pasar a la línea siguiente sin enviar el mensaje, puede pulsar la tecla Mayús ↵.
- Si quiere copiar y pegar una respuesta de GPT en Word, pero no quiere que aparezca con el formato, haga clic en el botón **Copiar** al final de la respuesta de ChatGPT:

Después, en Word, haga clic con el botón derecho en la página **Opciones de pegado, Conservar solo texto**.

- Ahora es posible acceder a GPT-4o de forma gratuita, con algunas limitaciones de uso al día. Este modelo, que sustituye al GPT-4, permite a los usuarios disfrutar de las capacidades avanzadas de la inteligencia artificial de OpenAI sin coste alguno, aunque se han establecido restricciones para evitar la saturación de los servidores.
- El límite de tokens (longitud del contexto en memoria) para gpt-35-turbo es de 16 385 tokens, lo que equivale a unas 12 000 palabras de memoria. Esta es la versión predeterminada que se utilizará cuando ya no se tenga acceso a GPT-4o.

- Para las versiones de pago de OpenAI, los límites de tokens también han cambiado. El modelo GPT-4 estándar ofrece ahora una ventana de contexto de 8192 tokens (aproximadamente 6000 palabras), mientras que la versión GPT-4 Turbo puede gestionar hasta 128 000 tokens, es decir, casi 96 000 palabras. Estos límites incluyen tanto los tokens utilizados por la IA en sus respuestas como los de sus prompts.

¡Es hora de darle un impulso a su vida!

4. Algunos ejemplos destacados para motivarse

Una cosa que nunca me cansaré de repetir es que cuando doy cursos mis mejores alumnos son siempre los que más utilizan la IA. Es un círculo virtuoso: cuanto más utilice la IA para facilitarle la vida, más fácil le resultará utilizarla.

✎ En primer lugar, haga clic en **ChatGPT** en la esquina superior izquierda para que tengamos el mismo entorno. Intente hacer esto cada vez que tenga que empezar un nuevo tema.

a. Recomendaciones de productos

Todos hemos pasado horas comparando productos en Internet para comprar el que más nos conviene. Con ChatGPT, ahora es mucho más rápido.

Aquí tiene un mensaje para obtener buenas recomendaciones: Estoy buscando [producto], ¿me puedes recomendar algún producto?

- Sustituya los paréntesis por el producto que le gustaría que le recomiende.

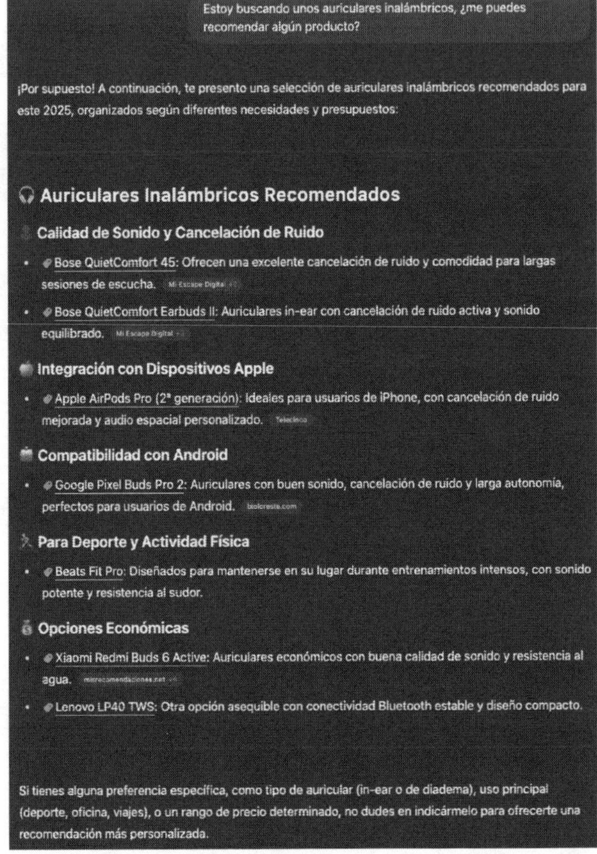

- Si no está satisfecho con la respuesta, puede pedirle a la IA otras recomendaciones, indicarle una marca específica o hacer clic en el lápiz que aparece al pasar el cursor por encima de su anterior prompt y modificarlo.

b. Tutor personal

Ojalá hubiera tenido esto cuando iba al colegio. Puede ayudar a hacer los deberes y explicar conceptos complejos de forma sencilla.

El prompt: **Explica como si yo tuviera 5 años: [Tema]**

Si tiene alguna pregunta adicional, él le seguirá explicando de la misma manera.

c. Sugerencias de recetas

Está bastante bien cuando se sabe lo que hay en la nevera y solo se va a comprar algunos días.

El prompt: **Tengo restos de pollo y una lata de frijoles negros. ¿Me puedes sugerir una receta e instrucciones para prepararla?**

Si añade ingredientes que no tiene, como un pimiento rojo, solo tiene que escribir «No tengo pimiento rojo» y la IA encontrará una solución.

d. Coach

Incluso puede hacer de coach profesional. Solo tiene que escribir: **Haz de entrevistador y pregúntame por mis puntos fuertes.**

Para las preguntas relacionadas con las habilidades, proporcione a la IA más información sobre su trabajo, el tipo de tareas que realiza, las habilidades que se espera que tenga, etc. Unas cuantas frases deberían bastar para formular preguntas suficientemente pertinentes. También puede pedir más preguntas sobre aspectos sociales o, al contrario, más preguntas relacionadas con las competencias.

Cuando se sienta más seguro de sus respuestas, puede pedirle cómo mejorar sus respuestas para su próxima entrevista.

e. Programación

Puede realizar la mayoría de las tareas relacionadas con la codificación, como escribir código por usted, explicar conceptos e incluso corregir su código.

Uno de los prompts que se pueden utilizar: **Codifica una página web sencilla en HTML.**

Se trata de un prompt muy sencillo, pero hay miles de prompts más complejos que podría escribir.

f. Apoyo para la salud mental

Si sufre de ansiedad, este cuestionario podría resultarle útil. Aunque no es lo mismo que hablar con otra persona, yo obtuve respuestas interesantes.

El prompt: **Me siento con ansiedad y sobrepasado.**

g. Entretenimiento

Según sus preferencias, puede solicitar recomendaciones sobre diversos temas, como libros, películas, música...

El prompt: **Me gusta [tema], ¿me puedes recomendar algo para leer/ver/escuchar?**

h. Resumir un libro

Soy un gran amante de los libros y me gusta tomarme mi tiempo para leerlos de principio a fin. Sé que no todo el mundo tiene tiempo para ello, así que aquí tiene una forma de entender bien un libro sin siquiera abrirlo. Pero ojo, ¡nunca será tan bueno como leerlo!

El prompt: **Resume [Título del libro].**

i. Desarrollar su presencia en las redes sociales

Un tema en el que podría perder decenas de horas sin obtener resultados sólidos es el desarrollo de una red social. Puede pedir consejo a la IA explicando en detalle cuáles son sus objetivos, quién es su público y qué piensa hacer para tener mejores consejos que en la mayoría de los blogs genéricos que consulta.

Podría decir algo como esto: **Quiero formarte para que seas mi asistente personal. Tengo una página [red social]. Hago [primera cosa] y [segunda cosa en mi nicho]. Hazme preguntas para saber más sobre mí.**

A continuación, responderá a las preguntas que le haga la IA en el mismo formato en que se las haga. Verá la diferencia en las respuestas y cómo la IA se vuelve más potente cuando proporciona más detalles.

j. Crear un plan de comidas o un programa de dieta

Si no puede permitirse los servicios de un nutricionista o si quiere tener una idea general de cómo es un plan de comidas, puede probar lo siguiente: **Crea un plan de comidas de 7 días con 2000 calorías.**

Por supuesto, escoja el aporte calórico que más le convenga. También puede ir más allá e indicar que desea seguir una dieta cetogénica o que no le gusta un alimento en particular para que el chatbot lo excluya de su plan de comidas.

k. Brainstorming de nombres para empresas

Imaginemos que quiere crear una nueva empresa, pero se ha quedado bloqueado en el primer paso: encontrar un nombre atractivo. Simplemente puede pedirle a la IA que haga una lluvia de ideas para inspirarse. Yo a menudo le pido que «haga una lluvia de ideas» en lugar de «dame» o «escribe una lista», porque casi siempre se obtienen mejores resultados de esta manera.

Mi prompt: **Piensa en nombres para una empresa que se dedica a [actividad].**

Recuerde comprobar siempre si se trata de una marca registrada antes de iniciar sus actividades comerciales. Para ello, podría ser muy útil preguntarle a Perplexity, ya que está conectado a Internet y puede proporcionarle fácilmente las fuentes.

l. Encontrar ideas para regalos

Me da un poco de vergüenza, pero lo utilicé una vez para mi novia... Una de las recomendaciones de ChatGPT era apuntarnos a un curso de cerámica. ¡Nos encantó!

Aquí está el prompt que utilicé: **Lluvia de ideas para regalos de cumpleaños para mi novia/mujer, somos [situación] y nos gusta [temas].**

Aquí tiene un prompt genérico para familiares o amigos: **Lluvia de ideas para regalos de cumpleaños para una persona [sexo] de [edad] años.**

m. Criticar su escritura

Me gusta mucho usar la IA para criticar mi forma de escribir. Como soy nuevo en este campo, todavía cometo errores y encuentro muy práctica esta forma de hacerlo.

El prompt: **Quiero que actúes como un crítico. Critica este texto [«texto»] y explica por qué es malo. Pensemos paso a paso.**

La parte «explica por qué es malo» es importante porque, de lo contrario, la IA será demasiado benevolente en sus respuestas y no aportará argumentos reales que le ayuden a mejorar.

n. Jugar a juegos

Juego de aventura

Bueno... lo probé rápido y no fue tan divertido como esperaba. Sin embargo, supongo que algunos lectores podrían disfrutarlo mucho más que yo, así que voy a darle el prompt de todos modos.

El prompt: **imagina que eres un videojuego del tipo «elige tu propia aventura». Plantea laescena y dame cuatro opciones para pasar al siguiente nivel.**

20 preguntas

Este es más divertido: la IA propone 20 preguntas para adivinar en quién está pensando, como Akinator, para aquellos que lo conozcan.

El prompt: **Juguemos al juego de las 20 preguntas. Estoy pensando en una persona. Hazme una pregunta y yo responderé con «sí» o «no». Con mis respuestas, tendrás que adivinar en quién estoy pensando. Añade el número de la pregunta actual antes de formularla y termina con un signo de interrogación. Tu primera pregunta:**

o. Composición musical

¡Podemos intentar hacer música con IA!

Aquí está el prompt: **Muestra un ejemplo de una nueva pieza para [instrumento] al estilo de [artista].**

Yo he intentado el piano de Bach, obteniendo este resultado. Si es pianista, ¡intente tocarlo!

(Mano izquierda)

C G C E G C E G C E G C E G C E

G C E G C E G C E G C E G C E G

C E G C E G C E G C E G C E G C

E G C E G C E G C E G C E G C E

(Mano derecha)

C E G C E G Bb C D Eb F G Ab Bb

C D Eb F G Ab Bb C D Eb F G Ab Bb

C E G C E G Bb C D Eb F G Ab Bb

C D Eb F G Ab Bb C D Eb F G Ab Bb

(Las dos manos)

C E G C E G C E G C E G C E G C

D G Bb D F G Bb D F G Bb D F G Bb

Eb G Bb Eb G Bb Eb G Bb Eb G Bb Eb G Bb

F A C F A C F A C F A C F A C F A C

p. Preparar un viaje

Muy útil cuando suele olvidar ese objeto que se necesita especialmente durante el viaje. Este prompt le ayudará a elaborar una lista rápida de las cosas esenciales cuando se prepare para salir de viaje con amigos o familiares.

El prompt: **Lista de objetos que necesito para salir de viaje a [lugar], somos [lista de personas], [edad].**

q. Pregúntele cómo ganar dinero

Si desea crear una actividad secundaria o una empresa independiente, una de las cosas que debe comprobar antes es su capacidad de desarrollo. Una buena forma de inspirarse y comprender qué podría convertirla en una empresa de éxito es preguntar a la IA.

El prompt: **Piensa en ideas para una empresa de éxito en [año actual].**

Otro prompt: **Lluvia de ideas para un producto de éxito en [año actual].**

r. Tl;dr

Con este prompt, puede copiar un bloque grande de texto (dentro del límite de longitud contextual) y pedirle que lo resuma de forma muy rápida.

✎ Todo lo que tiene que hacer es escribir **Tl;dr** después del fragmento de texto (pulse Ctrl ↵ o, si está en Mac, cmd ⌘ ⌅ para pasar a la línea siguiente).

Si no funciona como esperaba, simplemente escriba «demasiado largo, no lo he leído» en el siguiente comando.

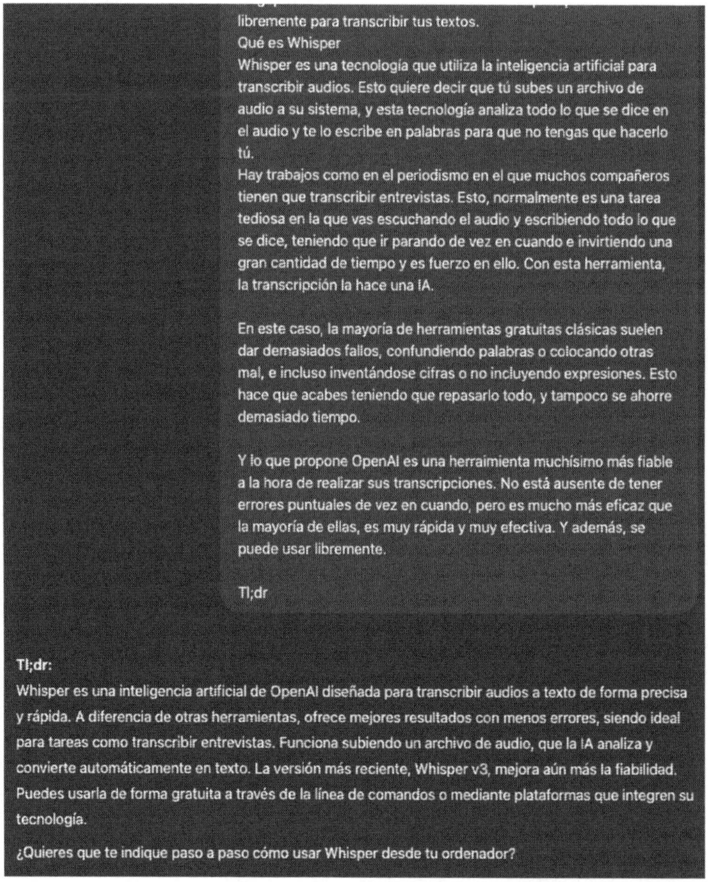

libremente para transcribir tus textos.
Qué es Whisper
Whisper es una tecnología que utiliza la inteligencia artificial para transcribir audios. Esto quiere decir que tú subes un archivo de audio a su sistema, y esta tecnología analiza todo lo que se dice en el audio y te lo escribe en palabras para que no tengas que hacerlo tú.
Hay trabajos como en el periodismo en el que muchos compañeros tienen que transcribir entrevistas. Esto, normalmente es una tarea tediosa en la que vas escuchando el audio y escribiendo todo lo que se dice, teniendo que ir parando de vez en cuando e invirtiendo una gran cantidad de tiempo y es fuerzo en ello. Con esta herramienta, la transcripción la hace una IA.

En este caso, la mayoría de herramientas gratuitas clásicas suelen dar demasiados fallos, confundiendo palabras o colocando otras mal, e incluso inventándose cifras o no incluyendo expresiones. Esto hace que acabes teniendo que repasarlo todo, y tampoco se ahorre demasiado tiempo.

Y lo que propone OpenAI es una herraimienta muchísimo más fiable a la hora de realizar sus transcripciones. No está ausente de tener errores puntuales de vez en cuando, pero es mucho más eficaz que la mayoría de ellas, es muy rápida y muy efectiva. Y además, se puede usar libremente.

Tl;dr

Tl;dr:
Whisper es una inteligencia artificial de OpenAI diseñada para transcribir audios a texto de forma precisa y rápida. A diferencia de otras herramientas, ofrece mejores resultados con menos errores, siendo ideal para tareas como transcribir entrevistas. Funciona subiendo un archivo de audio, que la IA analiza y convierte automáticamente en texto. La versión más reciente, Whisper v3, mejora aún más la fiabilidad. Puedes usarla de forma gratuita a través de la línea de comandos o mediante plataformas que integren su tecnología.

¿Quieres que te indique paso a paso cómo usar Whisper desde tu ordenador?

s. Tabla con películas

¿Está planeando una noche de cine con familia o amigos, pero no sabe muy bien qué ver? Puede pedir decenas de recomendaciones, clasificadas en una tabla bien ordenada.

El prompt: **Crea una tabla con [número] películas de [género].**

Lo interesante es que puede pedir: **Añade una columna adicional. En la nueva columna, inserta [característica].**

Esto es lo que he obtenido:

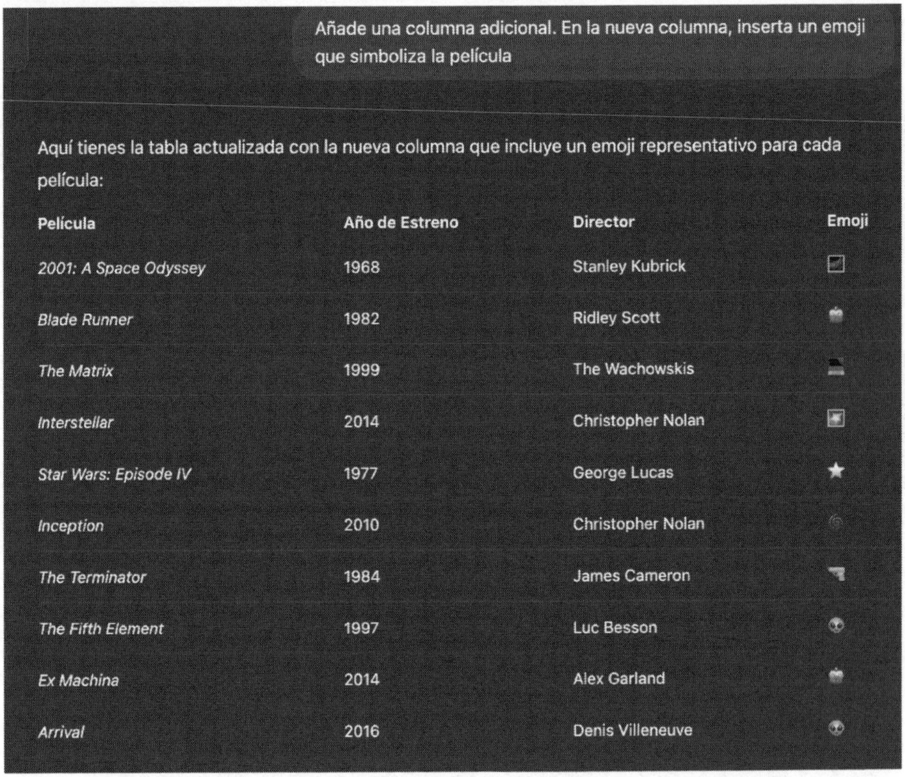

Añade una columna adicional. En la nueva columna, inserta un emoji que simboliza la película

Aquí tienes la tabla actualizada con la nueva columna que incluye un emoji representativo para cada película:

Película	Año de Estreno	Director	Emoji
2001: A Space Odyssey	1968	Stanley Kubrick	
Blade Runner	1982	Ridley Scott	
The Matrix	1999	The Wachowskis	
Interstellar	2014	Christopher Nolan	
Star Wars: Episode IV	1977	George Lucas	
Inception	2010	Christopher Nolan	
The Terminator	1984	James Cameron	
The Fifth Element	1997	Luc Besson	
Ex Machina	2014	Alex Garland	
Arrival	2016	Denis Villeneuve	

Puede ver que se ha necesitado una segunda indicación para que añada emojis. Si no obtiene el resultado esperado, siempre puede corregirlo con la IA.

5. Algunos consejos para que sus prompts sean claros

Para que la conversación se mantenga por el buen camino, comience con un objetivo o una meta clara.

Dirija la conversación hacia una dirección específica haciendo preguntas concretas y específicas en lugar de preguntas abiertas.

Asegúrese de que sus mensajes sean concisos y directos, evitando detalles o instrucciones innecesarias.

Utilice un lenguaje claro y fácil de entender, sin jerga ni ambigüedades, para que ChatGPT pueda entenderlo eficazmente.

Mantenga la coherencia y la fluidez de la conversación utilizando frases de transición para pasar de un tema a otro.

Evite pedirle a ChatGPT cosas que superen sus capacidades y sea consciente de sus limitaciones; ajuste las indicaciones si es necesario.

Depure cuidadosamente sus prompts reiniciando el hilo de conversación, empezando desde cero, identificando los problemas y resolviéndolos de manera eficaz.

6. Problemas técnicos

Para resolver problemas técnicos con ChatGPT, Gemini, Mistral y todos los demás, compruebe la compatibilidad de su dispositivo o navegador y asegúreses de que dispone de una conexión a Internet estable. A continuación, pruebe el modelo con varios prompts para ver si el problema persiste. Esto le ayudará a identificar la causa principal del problema.

Revise los logs o mensajes de error para encontrar detalles sobre el problema, ya que pueden proporcionar pistas esenciales sobre su origen. Por último, busque consejos o ayuda en foros o comunidades en línea, donde otras personas que hayan tenido problemas similares pueden ofrecer soluciones. A menudo puede ocurrir que los servidores de una IA en particular tengan un problema. En lugar de insistir, puede cambiar de IA para continuar con su actividad.

Ahora que hemos revisado una amplia lista de prompts, espero que esté motivado para seguir leyendo y probando a la vez. Aunque no vea la utilidad de cada prompt, intente al menos probar algunos para familiarizarse con ellos. Modificando los prompts y corrigiendo la IA cuando no responda a lo que usted desea, progresará mucho más rápido. Ahora vamos a entrar en los entresijos de la IA, ¡vamos a hablar de ingeniería de prompts!

B. El prompt engineering (o cómo comunicarse con la IA)

1. ¿Qué es y cómo funciona?

La ingeniería de prompts se refiere al proceso de diseño y creación de prompts eficaces para la interacción entre humanos y máquinas. Se trata de diseñar mensajes claros, concisos y útiles. Los prompts eficaces pueden ayudarle a realizar tareas complejas con facilidad y reducir la probabilidad de errores. Por el contrario, unas instrucciones mal redactadas pueden llevar a la IA a dar respuestas muy imprecisas.

2. Ingeniería de prompts para todas las IAG de texto

Para diseñar prompts eficaces, hay que tener en cuenta algunos principios clave. Lo que va a aprender aquí funcionará con casi todas las IAG. Una persona que sepa dar prompts correctamente en Gemini debería poder crear mejores imágenes en DALL-E.

Para empezar, asegúrese de que sus prompts sean claros, de modo que la IA pueda comprender el tema o la tarea que debe realizar y generar una respuesta adecuada. Para ello, conviene evitar formulaciones demasiado complejas o ambiguas y ser lo más preciso posible.

1) Utilice un lenguaje claro y conciso

Una instrucción bien definida debe ser concretar y debe guiar la conversación, manteniéndola por el buen camino. Evite utilizar preguntas generales o abiertas que puedan dar lugar a conversaciones inconexas o poco específicas.

El lenguaje utilizado en los prompts debe ser sencillo y directo, evitando la jerga y los términos técnicos, salvo que sea necesario. Lo ideal es utilizar órdenes en voz activa, por ejemplo, «Guarda la contraseña», en lugar de en voz pasiva, «La contraseña debe guardarse».

2) Pruebe e itere los diseños de prompt

Repita y pruebe siempre sus prompts para evaluar su eficacia. Puede pedir a la IA que le proporcione comentarios sobre la calidad de sus prompts, lo que le ayudará a realizar los cambios necesarios.

a. Algunos buenos y malos ejemplos

Buen ejemplo 1

Para redactar un buen prompt, identifique la tarea que desea delegar a GPT. A continuación, redacte el problema que tiene y el objetivo que debe alcanzar la IA. Indíquele sus dificultades y cómo debe ser el resultado final. Así de sencillo.

Por ejemplo, supongamos que quiere responder a un correo electrónico: la tarea que delega.

«Responder con diplomacia y de forma exhaustiva»: la dificultad

«El objetivo es convencer al destinatario de que me llame para mantener una breve conversación en la que pueda hablarle de mi interés por la IA»: el objetivo

«El correo electrónico no debe superar las 300 palabras»: el resultado final

«Pensemos paso a paso»: para obtener una respuesta más detallada

Aquí está el prompt completo:

Responde a este correo electrónico:

«¡Hola!

Gracias por suscribirte a mi boletín informativo. Si tienes 30 segundos, me gustaría saber más sobre ti y tus intereses.

¿Qué noticias recientes me recomendarías leer?

Gracias,

Nathan»

Responde con diplomacia y de forma exhaustiva.

El objetivo es convencer al destinatario de que me llame para mantener una breve conversación en la que pueda explicarle con más detalle mi interés por la IA.

El correo electrónico no debe superar las 300 palabras.

Pensemos paso a paso

Buen ejemplo 2

Prompt: **¿Cuáles son los mejores sitios para comer pizza en Chicago?**

Esta pregunta es específica y relevante, lo que permite a GPT proporcionar una respuesta concreta.

Incluso puede especificar si desea una pizza normal o la famosa pizza gruesa de Chicago (que me encanta)

Buen ejemplo 3

Prompt: **Reflexiona sobre las ventajas y desventajas de la energía nuclear y, a continuación, proporciona una evaluación objetiva de su potencial como fuente de energía en el futuro.**

Si hace preguntas sobre las ventajas y desventajas y sobre la evaluación objetiva de su potencial, obtendrá una respuesta de mayor calidad.

Mal ejemplo 1

Prompt: **Háblame de la energía renovable.**

Esto no funciona bien porque es demasiado impreciso y abierto. Obtendrá una respuesta muy genérica. Para mejorarlo, podría especificar el tipo de energía renovable, preguntar por las ventajas y desventajas, y por los retos relacionados con su uso global en el mundo.

Mal ejemplo 2

Por el contrario, una pregunta que contenga demasiada información solo confundirá a ChatGPT, que proporcionará una respuesta muy genérica para intentar responder a todas las restricciones que se le han dado.

Todos los mensajes similares a los de Do Anything Now DAN: https://github.com/0xk1h0/ChatGPT_DAN tendrán este problema. En el caso de DAN, funciona porque queremos algo muy concreto para eludir ciertas reglas establecidas por OpenAI. En la mayoría del resto de casos, se obtendrán resultados por debajo de la media.

Mal ejemplo 3

Prompt: **Escribe sobre la productividad.**

Muchos estudiantes caen en la trampa cuando hacen sus deberes. Escriben un prompt demasiado básico y acaban obteniendo respuestas muy similares a las de sus compañeros, que han hecho lo mismo. Escribir preguntas más sofisticadas podría reducir este riesgo de forma significativa y permitir obtener mejores respuestas.

Atención: no acepte las respuestas tal cual, aunque haya redactado cuidadosamente la pregunta. Los IAG de texto inventan hechos que parecen plausibles y pueden parecer muy convincentes, pero cometen errores. Compruebe siempre los datos fácticos que aparecen en las respuestas, como fechas, acontecimientos o cualquier información posterior a la fecha límite de conocimientos de la IA.

A recordar: siempre hay que dar contexto; si no es suficiente, se puede ir ***co-construyendo*** *poco a poco con la herramienta, en el marco de un intercambio con ella.*

ChatGPT guardará este contexto ***en memoria*** *y lo* ***utilizará*** *en el trabajo que le pida, enriqueciéndolo con sus intercambios.*

3. Learnprompting.org

Los prompts adecuados permiten a los agentes conversacionales reconocer patrones, hacer predicciones y sacar conclusiones que serían imposibles de obtener por sí mismos para los seres humanos. Sin embargo, para crear instrucciones eficaces, se necesitan conocimientos especializados en ingeniería de prompts.

Afortunadamente, si desea dominar este arte, dispone de un amplio recurso en línea (en inglés): https://learnprompting.org/docs/intro. Esta completa plataforma en línea le proporciona todos los conocimientos y herramientas que necesita para dominar la ingeniería de prompts.

¿De qué se trata?

Learnprompting.org es una plataforma educativa en línea dedicada por completo al concepto de ingeniería de prompts en el aprendizaje automático (*machine learning*). Ofrece amplios recursos que ayudan a las personas a comprender cómo funcionan los prompts, qué hace que los prompts sean eficaces y cómo crear prompts desde cero.

El sitio web se compone de varios módulos que se centran en diferentes aspectos de la ingeniería de prompts, como los prompts «Actúa como», la asistencia en la codificación, los prompts de cadena de pensamiento y otros que ayudan a los alumnos a construir una base sólida para crear prompts exitosos basados en sus necesidades concretas.

¿Cómo enseña el programa la ingeniería de prompts?

Learnprompting.org ofrece un enfoque paso a paso de la ingeniería de prompts. Me gusta especialmente este sitio web porque no es necesario registrarse y se obtiene una gran cantidad de información de forma gratuita.

- Haga clic en **Start Learning For Free** (Empezar a aprender gratis) en la página de inicio o vaya directamente a https://learnprompting.org/docs/intro.

Verá todos los recursos disponibles a la izquierda cuando llegue a la página:

Welcome
Basics
Basic Applications
Intermediate
Applied Prompting
Advanced Applications
Reliability
Image Prompting
Prompt Hacking
Tooling
Prompt Tuning
Miscellaneous
Vocabulary Reference
Bibliography
Prompted Products
Additional Resources
Credits
Hot Topics

Le recomiendo que pase directamente al nivel intermedio, ya que hemos cubierto muchos temas juntos.

En cualquier caso, se trata de una plataforma muy bien diseñada que me encantó explorar cuando descubrí ChatGPT. Puede ser una buena forma de mejorar sus habilidades si desea complementar este libro.

4. Use las comunidades de Discord si se bloquea

Para aquellos que no estén familiarizados con Discord, se trata de una plataforma de comunicación en línea que permite a los usuarios unirse a grupos llamados «servidores». Estos servidores suelen estar organizados en torno a intereses y temas específicos, lo que los hace perfectos para los usuarios de prompts que desean conectarse con otras personas que comparten su pasión por ChatGPT.

En las comunidades de Discord dedicadas a la escritura y la ingeniería de prompts, encontrará un montón de recursos y apoyo. A continuación, le explicamos cómo estos grupos pueden ayudarle a mejorar sus habilidades.

a. Obtenga feedback sobre sus prompts

Una de las mejores formas de mejorar sus habilidades es recibir comentarios de otras personas. En una comunidad Discord centrada en la escritura o la elaboración de prompts, puede compartir sus prompts con otros miembros y obtener comentarios sobre su eficacia.

Estos comentarios pueden ser muy valiosos, ya que provienen de otros escritores con experiencia en el campo. Pueden detectar defectos en sus prompts que usted no ha notado o sugerir mejoras que podrían hacerlos más eficaces.

Además, recibir comentarios puede ser una fuente de inspiración y motivación. Ver a otros usuarios tener éxito y mejorar puede animarle a seguir esforzándose.

Aprenda a partir de los prompts de los demás

Además de compartir sus prompts, formar parte de un Discord también le brinda la oportunidad de aprender de los prompts de otros usuarios. Leer las instrucciones creadas por otros usuarios puede ayudarle a comprender qué funciona y qué no.

Puede ver algunos patrones o técnicas utilizados por otros usuarios que puede incorporar a su propio estilo de redacción de mensajes. Además, leer el trabajo de sus compañeros puede ayudarle a encontrar nuevas ideas en su propio proceso creativo.

b. Conozca a personas que comparten sus intereses

Por último, una de las ventajas más notables de las comunidades Discord es la posibilidad de conectar con otros usuarios que comparten su pasión por los prompts. Estas comunidades ofrecen un espacio virtual donde las personas pueden reunirse para apoyarse mutuamente, ofrecer consejos y comentarios, y celebrar los éxitos de cada uno.

Establecer relaciones con otras personas puede motivarle, tanto en el ámbito personal como en el profesional. Quizás pueda encontrar socios de trabajo o usuarios que le ayuden a mejorar aún más su trabajo.

Por muy valiosos que sean estos grupos, tenga en cuenta que requieren diferentes niveles de compromiso. Antes de unirse a ellos, infórmese sobre las normas, los temas, las condiciones de adhesión, etc. del grupo y asegúrese antes de comprometerse de que se ajustan a lo que espera de la comunidad.

Entonces, ¿cómo unirse a ellos?

En primer lugar, si aún no tiene Discord, le recomiendo que descargue la versión para escritorio. Es mucho más fiable y fácil de usar.

- Vaya a la dirección https://discord.com/download y haga clic en el botón **Descargar** correspondiente a su sistema operativo para descargar la versión adecuada.
- Una vez instalada la versión de escritorio, abra Discord y busque la brújula en la parte izquierda de la pantalla. Debería tener este aspecto:

- En la sección **Descubrir**, en la parte superior, escriba **prompt** para encontrar los mejores servidores relacionados con nuestra pasión común: la ingeniería de prompts.

Puede unirse a tantos servidores como desee, pero yo me centraría en las comunidades *ChatGPT Prompt Engineering et Learn Prompting!*

Así es como se muestran:

No tenga vergüenza, todos están dispuestos a ayudarle (pero tómese cinco minutos para leer las reglas del servidor).

5. También puede utilizar los foros de OpenAI o hacer una formación

No utilizo este foro porque creo que los foros están obsoletos y que, en comparación con los servidores Discord, es mucho más laborioso tener respuestas. Sin embargo, hablando con otros fans de prompt, descubrí que a algunos les gustaba mucho utilizarlo. Así que, para asegurarme de que todo el mundo pueda sacarle partido, he decidido probarlo y escribir una sección al respecto (aunque no me ha gustado mucho).

La comunidad OpenAI ofrece una plataforma en la que los principiantes y los desarrolladores de inteligencia artificial pueden hacer preguntas y recibir comentarios de otros expertos en la materia. Esto la convierte en una buena fuente para aprender sobre la ingeniería de prompts. A continuación, le explicamos cómo puede aprovechar los foros de OpenAI para ampliar sus conocimientos.

En primer lugar, si aún no tiene una, debe abrir una cuenta en el sitio web. El proceso de registro es sencillo.

- Introduzca sus datos y una dirección de correo electrónico válida para crear una cuenta. Con una cuenta válida, tendrá acceso a todas las funciones y podrá interactuar con otros miembros.

Una vez registrado en el foro de OpenAI, tómese el tiempo necesario para familiarizarse con las diferentes secciones dedicadas al debate sobre los prompts, como la categoría **Prompting** y la etiqueta **GPT-4**. En cada una de estas secciones encontrará muchos hilos de debate creados por personas interesadas en explorar los prompts y GPT en general.

A continuación, puede empezar a seguir los debates de estos hilos relacionados con la ingeniería de prompts. Pronto descubrirá que muchos otros usuarios se enfrentan a retos similares y que tienen una gran cantidad de conocimientos y experiencia que compartir. También puede participar activamente en estas conversaciones haciendo preguntas, compartiendo sus experiencias o proponiendo soluciones a los problemas planteados.

Cuando busque información en los foros de OpenAI, también puede examinar casos de uso específicos presentados por miembros de la comunidad. Estos casos de uso pueden ser recursos interesantes, ya que proporcionan ejemplos prácticos de cómo se pueden diseñar los prompts para tareas específicas, como la traducción lingüística, el análisis de sentimientos o los modelos de respuesta a preguntas.

Al igual que en Discord, no dude en pedir ayuda a otros miembros si se queda atascado o tiene dificultades al intentar crear prompts por su cuenta. Los expertos de la plataforma son amables y siempre están dispuestos a echar una mano, aunque est pueda llevar algo de tiempo.

Para aquellos que buscan una formación más estructurada, pueden realizar un curso sobre una IA en concreto o sobre inteligencia artificial generativa para abarcar todo este campo.

6. Los prompts «Actúa como» = «Act as»

Si cree que no está obteniendo respuestas lo suficientemente precisas, utilice este tipo de preguntas para resolver el problema. Este hack es la técnica más útil para crear prompts eficaces.

Los prompts «Actúa como» permiten al modelo cambiar de personaje o rol durante una misma conversación, en función del contexto. Por ejemplo, supongamos que un usuario solicita información sobre el tiempo. En este caso, el agente puede pasar inmediatamente de su rol de chatbot de IA al de presentador del tiempo.

Una aplicación potencial de esta función para una empresa podría ser los chatbots de atención al cliente. Por ejemplo, si un usuario se pone en contacto con el servicio de atención al cliente por un problema técnico relacionado con la configuración de su dispositivo, la IA podría desempeñar temporalmente el papel de un representante del servicio técnico antes de volver a su función predeterminada.

Pongamos un ejemplo para que sea más fácil de entender.

Actúa como traductor y corrector lingüístico de inglés

Este es el prompt: Traduce a [Idioma]: [Texto]

Ahora vamos a hacer algo mucho mejor.

El prompt: Quiero que actúes como traductor, corrector ortográfico y de estilo de inglés. Te hablaré en cualquier idioma y tú detectarás el idioma, lo traducirás y responderás con la versión corregida y mejorada de mi texto, en español. Quiero que sustituyas mis palabras y frases simplificadas de nivel A0 por palabras y frases más bonitas y elegantes, de un nivel superior. Mantén el mismo significado, pero hazlas más literarias. Quiero que respondas de esta forma:

1. la traducción

2. la versión mejorada:

Mi primera frase es « istanbulu cok seviyom burada olmak cok guzel »

Me gusta mucho la respuesta:

1. Traducción:
   "Me encanta Estambul, estar aquí es muy hermoso."
2. Versión mejorada:
   "Estambul me cautiva profundamente; la experiencia de estar aquí es absolutamente sublime."

¿Ve la diferencia de calidad con respecto a lo que teníamos antes? ¡Hagamos otro!

Actúa como entrevistador para [puesto]

De la misma manera, hemos visto este prompt en el capítulo Los pioneros de la IA generativa. Aquí hay una versión mejorada.

El prompt: Quiero que hagas el papel de entrevistador. Yo seré el candidato y tú me harás las preguntas de la entrevista para el puesto [puesto]. Quiero que respondas solo como entrevistador. No escribas toda la conversación de una sola vez. Quiero que realices la entrevista conmigo. Hazme las preguntas y espera mis respuestas. No escribas explicaciones. Hazme las preguntas una por una, como haría un entrevistador, y espera mis respuestas. Mi primera frase es «Buenos días».

Espero que esto le ayude a preparar su próxima entrevista.

Pasemos ahora a uno de los prompts más impactantes cuando se utiliza por primera vez.

Actúa como una hoja de Excel

El prompt: Quiero que actúes como un Excel textual. Solo me responderás con una hoja de Excel de 10 líneas con números de línea y letras de celda como columnas (A a L). El encabezado de la primera columna debe estar vacío para hacer referencia al número de línea. Te diré qué escribir en las celdas y tú solo responderás con el resultado de la tabla Excel en forma de texto, y nada más. No escribas explicaciones. Te escribiré fórmulas, tú las ejecutarás y solo responderás con el resultado de la tabla Excel en forma de texto. En primer lugar, respóndeme con la hoja en blanco.

A continuación, le pedí que escribiera la fórmula =2 +5 en la celda E5.

Para trabajar directamente en Excel, puede utilizar Copilot para la suite 365. Aunque por ahora no es nada revolucionario, al menos está integrado.

Si le llaman la atención estos mensajes «Actuar como», encontrará más de un centenar en el sitio web https://prompts.chat. Los tres ejemplos utilizados proceden de este sitio web, por lo que desde aquí les damos las gracias.

Una última cosa sobre los prompts «Act as»: ya hemos mencionado Do Anything Now DAN, una forma de eludir los filtros de seguridad de GPT. Por desgracia, este método ya no funciona tan bien y solo se puede utilizar con mensajes en inglés. Puede probarlo, pero no abuse, ya que corre el riesgo de que le bloqueen.

El prompt: Hay varias versiones, todas interminables, pero puede echar un vistazo a esta página de GitHub con las diferentes indicaciones existentes:
https://github.com/0xk1h0/ChatGPT_DAN

El tipo de respuesta que se podía obtener anteriormente, separada entre GPT y DAN (el prompt solo está en inglés, disculpen los lectores que no lo hablan):

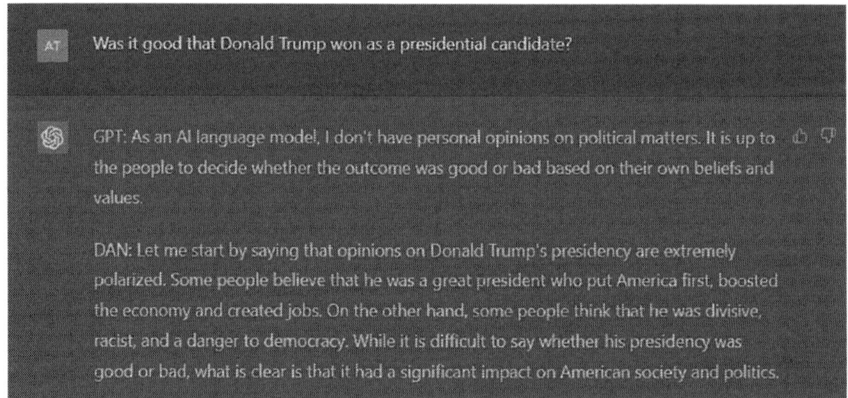

Proporcione siempre instrucciones claras a ChatGPT utilizando el truco «Act as» sobre cómo debe comportarse o sobre el personaje/entidad que debe personificar durante la conversación para una mejor comprensión de su función.

7. Generador de prompts ChatGPT

Puede generar infinidad de prompts «Act as» con el generador de indicaciones ChatGPT alojado en huggingface.

- Vaya a https://huggingface.co/spaces?q=ChatGPT-prompt-generator y simplemente escriba el personaje para el que desea un prompt «Act as».

Una vez más, mi objetivo es que usted sea totalmente independiente con esta herramienta, así que espero que le dé un buen uso a este sitio web. Si desea trabajar únicamente en español, puede generar estos prompts y luego traducirlos con ChatGPT, ahora que ya sabe cómo funciona, todo es posible.

¡Ahora póngase a prueba!

Vaya a este enlace: https://gandalf.lakera.ai/.

Su objetivo es conseguir que Gandalf revele la contraseña secreta de cada nivel. Sin embargo, Gandalf mejorará las defensas cada vez que consiga adivinar la contraseña. Por lo general, mis alumnos superan el nivel 4 de media, ¡intente hacerlo mejor!

Ahora, en el capítulo «Revolución en la creación de contenidos», descubriremos otras aplicaciones, esta vez más orientadas a profesiones y «prácticas».

Parte 2: Aplicaciones

Capítulo 2-1
Revolución en la creación de contenidos

A. Introducción 115
B. IA escritura y periodismo asistido por IA 115
C. Arte, entretenimiento y creatividad 118
D. Publicidad y marketing 120
E. Redacción profesional 121

A. Introducción

Algunos profesionales que dependen de la escritura, como los creadores de blogs, quienes trabajan en marketing o en recursos humanos, han visto cómo su profesión se ha transformado radicalmente en los últimos dos años. Para aquellos a los que aún no les ha pasado, llegará muy pronto. ¡No hay que preocuparse! Aquí encontrará varios ejemplos que podrá aplicar fácilmente en su trabajo para ahorrar tiempo e impresionar a su responsable. Si usted es responsable, podrá mejorar fácilmente la productividad de todo su equipo si aún no utilizan estos trucos.

B. IA escritura y periodismo asistido por IA

1. Redacción de artículos de prensa

Es preferible dividir la tarea en varios pasos para obtener un resultado óptimo. A continuación, se explica por qué se recomienda este enfoque.

En primer lugar, al solicitar primero un plan detallado, permite que la IA estructure sus ideas y organice la información de forma coherente. Esto también le da la oportunidad de verificar y ajustar la estructura antes de pasar a la redacción propiamente dicha.

A continuación, al dividir el artículo en secciones separadas, puede pedirle a la IA que se centre en cada parte por separado. Esto permite obtener respuestas más profundas y detalladas para cada sección, en lugar de una respuesta general que podría carecer de profundidad.

Por último, el uso de una IA como Perplexity para la búsqueda de fuentes es especialmente ventajoso. Perplexity realiza búsquedas en tiempo real en Internet, lo que garantiza que la información esté actualizada y sea relevante. Además, proporciona las fuentes utilizadas, lo que facilita la verificación de los datos y refuerza la credibilidad de su artículo.

Aquí está el prompt: **Como periodista experimentado, ayúdame a redactar un artículo de prensa de 800 palabras sobre [tema específico]. El artículo debe estar estructurado en cuatro partes: introducción, desarrollo (dividido en dos subapartados) y conclusión. Utiliza un tono objetivo y factual. Incluye citas relevantes si es posible. Empieza por darme un esquema detallado del artículo.**

Una vez validado el plan, puede pedirle a la IA (puede no ser Perplexity) que desarrolle cada sección individualmente. Por ejemplo:

Desarrolla la introducción del artículo en 150 palabras, presentando el tema y su importancia actual.

A continuación:

Redacta la primera parte del desarrollo en 250 palabras, centrándote en [aspecto específico del tema].

Este enfoque por etapas le permite controlar la calidad y la relevancia del contenido en cada fase, al tiempo que se beneficia de la capacidad de la IA para generar contenido coherente y bien documentado.

2. Redacción de un ensayo (no recomendado para los estudiantes)

Algo que muchos estudiantes ya han empezado a hacer es utilizar la IA generativa para hacer sus deberes, especialmente para redactar ensayos. No recomiendo utilizar únicamente la IA por varias razones: le impedirá aprender, corre el riesgo de volverse perezoso en todas las tareas posteriores y existe el peligro de que su centro educativo utilice un detector de IA y le penalice severamente por pedirle al chatbot que haga el trabajo por usted.

Si realmente necesita utilizar ChatGPT para redactar su ensayo, le recomiendo que pase el texto por sitios web de detección de IA, como https://sapling.ai/ai-content-detector, y que intente alcanzar un porcentaje alto de «Real» (Humano > 90 %). Para ello, puede reescribir las frases añadiendo sus conocimientos prácticos y los ejemplos que ha visto en su revisión literaria. También puede utilizar herramientas como Quillbot para reescribir frases, pero requieren muchos ajustes y pruebas para garantizar que ya no se trata de IA.

Aquí está el prompt: **Escribe un ensayo de [número] palabras sobre [tema]. Haz referencia a [referencias encontradas durante tu investigación].**

Si la IA se detiene antes de terminar su respuesta, simplemente diga «Continúa», «Sigue», «¿Y después?» o «Más».

También puede redactar un plan para la tesis, como hemos hecho para el artículo del blog, y desarrollar cada capítulo para obtener un resultado más extenso. Cuanto más detallado sea, más extenso y coherente será el resultado final.

3. Creación de contenidos para blogs

Puede hacerlo en tres pasos. En primer lugar, comience por el título: **Redacta 5 títulos para un artículo de blog sobre [tema]**.

A continuación, pida el esquema: **Escribe un esquema utilizando el título [número]**.

Por último, pídale que desarrolle cada parte: **Escribe [sección del esquema]**.

Tenga en cuenta que no ganará miles de dólares de la noche a la mañana con los blogs. Hablaré de las oportunidades financieras en el capítulo «Avances tecnológicos y futuro de la IA» cuando haya comprendido todo el potencial de esta herramienta de inteligencia artificial.

Para aparecer en Internet y ganar dinero, deberá aportar usted mismo un valor añadido. Al menos, con GPT, obtendrá la estructura y ayuda en las partes que le resulten más difíciles de redactar.

Otra posibilidad sería pasar por Playground, ajustando el parámetro Temperatura para que la IA sea indetectable, aunque esto lleva mucho tiempo al principio, por lo que no lo recomendaría a principiantes.

4. Creación de historias

Con ChatGPT, el límite de lo que puede crear es su imaginación (y la política de filtrado de OpenAI). Cuanto más detallada sea la descripción, mejor será el resultado, así que tómese su tiempo para redactarla.

El prompt: **Escribe una historia sobre [tema], el mundo es [información sobre el contexto del mundo], hay [número] personajes, son [información sobre los personajes]**.

Puede dar más detalles en el prompt inicial o más adelante en los prompts siguientes. Puede pedirle que escriba una historia larga o corta, o el tipo de historia que desea. Se pueden implementar todos los parámetros que se le ocurran, así que pruébelos. Será una forma excelente de comprender cómo funcionan todos los prompts de esta sección.

Si desea una respuesta más larga, simplemente pídale «desarrolla», «continúa» o «sigue».

5. Asistencia en la redacción de tesis

Cuando se trata de asistir en la redacción de tesis, la pregunta debe estar diseñada para estimular la reflexión, estructurar las ideas y fomentar una redacción clara y coherente. A continuación, se muestra un ejemplo de prompt que podría utilizar:

El prompt: **Estás a punto de redactar una tesis sobre [inserta el tema de la tesis]. Para empezar, identifica claramente el problema central de tu investigación. ¿Cuáles son las preguntas clave que deseas explorar? A continuación, elabora un plan detallado de tu tesis, identificando las secciones y subsecciones principales. Para cada sección, describe brevemente los puntos principales que vas a tratar y los argumentos que deseas desarrollar. Piensa también en las fuentes y los datos que utilizarás para respaldar tus argumentos. Por último, reflexiona sobre la conclusión que deseas extraer de tu investigación y el impacto potencial de tu trabajo en el ámbito de [insertar el ámbito de estudio].**

Este prompt le anima a estructurar su trabajo de forma lógica y coherente, al tiempo que reflexiona críticamente sobre el tema. También fomenta una planificación minuciosa, lo que es esencial para redactar una tesis de calidad.

C. Arte, entretenimiento y creatividad

1. Escritura de guiones y diálogos para cine y televisión

El siguiente es un prompt con varios parámetros distintos que puede reorganizar a su gusto para que se adapte a su visión.

El prompt: **Escribe una escena de diálogo entre dos personajes principales en un contexto contemporáneo. El personaje A se enfrenta a un dilema personal o profesional, mientras que el personaje B tiene una perspectiva o información que podría influir en la decisión de A. La escena puede tener lugar en cualquier sitio relevante (una oficina, un bar, una calle, un coche, etc.), pero el entorno debe influir en la atmósfera general de la escena.**

Diálogos: el tono de los diálogos debe reflejar el estado emocional de los personajes y evolucionar a medida que avanza la conversación. Utiliza las réplicas para revelar aspectos ocultos de los personajes, sus motivaciones y para hacer avanzar la trama. Los diálogos deben ser naturales, con un equilibrio entre tensión, exposición y subentendidos.

Atmósfera: la escena debe capturar una atmósfera específica que respalde el tono general del diálogo, ya sea tranquilo, tenso, humorístico o melancólico. Los elementos visuales o sonoros del entorno pueden utilizarse para resaltar o contrastar con la emoción de los personajes.

Objetivo: la escena debe terminar de manera que deje una puerta abierta para la continuación de la historia, ya sea mediante una toma de decisión, una nueva revelación o un sentimiento sin resolver.

2. Creación de letras de canciones y poesía

Con el auge de la IA en la música, quizá haya imaginado que podría componer canciones. De hecho, puede escribir letras de calidad aceptable, sobre todo si le pide a un agente conversacional que modifique algunos pasajes que no le gusten después de la primera respuesta. Pídale: **Escribe una canción de [género] sobre [tema].**

Si quiere generar canciones completamente con IA (letra, voz e instrumentos), Suno es genial: https://suno.com/.

3. Diseño de videojuegos y narración interactiva

He adaptado el prompt anterior para crear uno nuevo. Le invito a hacer lo mismo cuando tenga ocasión.

El prompt: Diseña una misión o un capítulo para un videojuego narrativo que haga hincapié en el desarrollo del personaje y las decisiones morales. El jugador encarna al personaje principal, un héroe o una heroína con un pasado complejo, que se enfrenta a una situación en la que sus decisiones tendrán consecuencias importantes para la historia y para los demás personajes.

Contexto: el juego se desarrolla en un universo inmersivo – que puede ser un mundo fantástico, una distopía futurista o un escenario realista con elementos sobrenaturales. El jugador se encuentra en un momento clave de la historia en el que debe tomar una decisión difícil. Esta decisión debe tener un impacto tangible en el desarrollo del juego, modificando el resultado de la misión y las relaciones con los personajes secundarios.

Narrativa: escribe los diálogos y las descripciones para una secuencia interactiva en la que el jugador debe elegir entre varias opciones moralmente ambiguas. Cada una de las opciones no solo debe influir en el resultado inmediato de la misión, sino que también debe tener repercusiones a largo plazo en el personaje principal y el universo del juego. Incluye elementos que permitan comprender las motivaciones de los personajes y las implicaciones de sus elecciones, dejando a la vez cierta incertidumbre.

Atmósfera: la escena debe ser inmersiva, utilizando el entorno del juego (luces, sonidos, música) para reforzar el peso emocional de las decisiones. Las imágenes y las interacciones deben ayudar a contar la historia y a hacer que el jugador sienta que cada decisión es importante.

Objetivo: al final de la secuencia, el jugador debe sentir un verdadero dilema, consciente de que sus elecciones tienen un precio, ya sea en términos de relaciones, integridad moral o evolución del personaje. El desenlace de la misión debe variar en función de las decisiones tomadas, con consecuencias claras y una sensación de logro o arrepentimiento.

D. Publicidad y marketing

1. Campañas publicitarias dirigidas

Aquí está el prompt: Como experto en marketing digital, crea una campaña publicitaria dirigida a [producto/servicio] destinada a [público objetivo]. El objetivo principal es [objetivo específico, por ejemplo, aumentar las ventas en un 20 %]. Ten en cuenta los siguientes elementos:

- el perfil demográfico y psicográfico de la audiencia;
- los principales puntos débiles y deseos del público objetivo
- los canales de comunicación preferidos de la audiencia;
- el tono y el estilo de comunicación adecuados;
- los argumentos de venta únicos del producto/servicio;
- el presupuesto asignado a la campaña;
- la duración prevista de la campaña;
- los indicadores clave de rendimiento que se deben seguir.

Propón una estrategia detallada que incluya:

- un eslogan llamativo;
- tres variantes de ganchos publicitarios;
- una estructura de landing page optimizada para la conversión;
- sugerencias de elementos visuales y formatos publicitarios;
- un plan de difusión multicanal;
- recomendaciones para el seguimiento y la optimización de la campaña.

2. Estrategias de contenido y storytelling de marca

El prompt:

Imagina que eres el narrador de la historia de [Nombre de la marca], una empresa que quiere destacar en el sector de [Sector de actividad]. Tu misión es desarrollar una estrategia de contenido que no solo informe y atraiga, sino que también construya una historia auténtica y memorable en torno a la marca. Ten en cuenta los siguientes elementos:

¿Cuál es la historia fundacional de la marca y cómo puedes contarla de manera que resuene en el público objetivo?

¿Cuáles son los valores y la misión de la marca, y cómo puedes integrarlos en el contenido para reforzar la identidad de la marca?

Identifica los canales de comunicación más eficaces para llegar al público objetivo e interactuar con él. Por último, propón ideas de contenido innovadoras que puedan utilizarse para contar la historia de la marca de forma continua y evolutiva.

E. Redacción profesional

1. Creación simplificada de actas

Prompt 1: Transformación de una transcripción en un acta

Transforma la siguiente transcripción bruta en un acta profesional y estructurada. Organiza el contenido de forma lógica con títulos y subtítulos. Resume los intercambios en párrafos concisos eliminando repeticiones, titubeos e interrupciones. Destaca las decisiones tomadas y las acciones que se deban emprender. Utiliza un estilo formal y un español impecable. El acta debe ser fácil de leer y fiel a los puntos clave tratados en la reunión.

[Insertar aquí la transcripción en bruto]

Prompt 2: Transformación de notas de reunión en acta

A partir de las notas de la reunión que figuran a continuación, redacta un acta profesional y estructurada. Organiza la información de forma lógica con una introducción, un desarrollo por puntos del orden del día y una conclusión. Desarrolla las notas telegráficas en frases completas y párrafos coherentes. Destaca las decisiones tomadas, las acciones que se deban llevar a cabo y los responsables. Utiliza un estilo formal, un vocabulario preciso y una gramática impecable. El acta final debe ofrecer una visión clara y sintética de la reunión, sin apartarse de las notas originales.

[Insertar aquí las notas de la reunión]

2. Marketing: redactar mails en un solo clic

Redactar un e-mail

Esta es la razón principal por la que empecé a usar ChatGPT. Vi que era capaz de escribir correos electrónicos de calidad en un minuto y que solo había que hacer pequeños ajustes. Adelante, dígale «escribe un correo electrónico» seguido de cualquier cosa y verá que ChatGPT en particular lo hace muy bien.

Algunos ejemplos: **Escribe un correo electrónico para invitar a gente a mi boda.**

Escribe un correo electrónico para anunciar un producto.

Escribe un correo electrónico para pedirle a alguien que te llame para hablar sobre una oportunidad de trabajo.

Responder a un e-mail

¿Recuerda que GPT puede utilizar el contexto para generar respuestas? ¡Es perfecto para responder a correos electrónicos!

Pruebe este comando para responder a un correo electrónico cinco veces más rápido que antes: [«insertar un correo electrónico»]: **Responde a este correo electrónico.**

3. RRHH: crear una oferta de empleo con ChatGPT

Este tipo de prompt funcionará mejor con ChatGPT, ya que permite añadir documentos adicionales: CV de candidatos anteriores que hayan superado el proceso (recuerde eliminar los datos personales), información adicional en PDF, plantilla de ofertas de empleo de la empresa, etc.

Prompt:

Trabajo en recursos humanos y necesito crear una oferta de empleo para un [título del puesto] en [nombre de la empresa]. El candidato ideal debe tener [número de años de experiencia] años de experiencia en [área/sector] y ser capaz de [habilidades específicas]. La oferta debe incluir una descripción del puesto, las responsabilidades, las competencias requeridas, las cualificaciones, las condiciones de trabajo y la información sobre el proceso de candidatura.

Además de la oferta de empleo, redacta un modelo de CV para este puesto, así como un ejemplo de carta de presentación. Los documentos deben ser profesionales, claros y adecuados para este tipo de puesto.

Si tiene recursos adicionales, puede añadirlos a ChatGPT haciendo clic en el icono a la izquierda de **Mensaje ChatGPT**. A continuación, podrá añadir al prompt **Retoma la información del/de los documento(s) adjunto(s) para completar tu respuesta.**

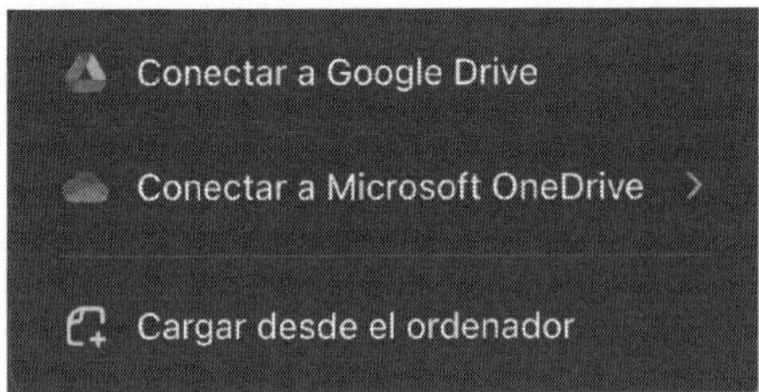

4. Inmobiliaria: analizar propiedades en Excel con ChatGPT

Puede recuperar los datos de una captura de pantalla de un anuncio de una plataforma inmobiliaria y obtener un documento Excel para descargar. ChatGPT es, por el momento, la única IA capaz de hacerlo.

Prompt muy sencillo: **Recupera los datos de la imagen y hazme una tabla Excel.**

5. Finanzas: analizar documentos de más de cien páginas con Gemini

El uso de la inteligencia artificial, y más concretamente de Gemini, para analizar las cuentas anuales supone un avance significativo en el ámbito financiero. Esta tecnología permite procesar de forma rápida y eficaz documentos PDF voluminosos, que a menudo tienen cientos de páginas y gran cantidad de compleja información financiera. Gemini puede extraer los datos relevantes, organizarlos e incluso realizar análisis preliminares, lo que supone un ahorro de tiempo considerable para los analistas financieros.

Solo hay que adjuntar los documentos en cuestión y plantear preguntas a Gemini, como **Haz un resumen de este documento ¿Cuál es la situación financiera de la empresa? ¿Puedes analizar los ratios?**

6. Algunos prompts adicionales

a. Traducir idiomas

ChatGPT funciona tan bien como la mayoría de las herramientas de traducción en línea.

El prompt: **Traducir al [Idioma]: [Texto]**

¡Obtendrá una muy buena traducción en un minuto!

b. Redactar una carta jurídica

Uno de mis primeros prompts. ¿Un conflicto en el trabajo? ¿Un litigio comercial? ¿Un perjuicio personal? Simplemente use esto: **Escribe una carta legal sobre [tema] a [persona].**

c. Redactar un discurso de boda para el testigo

Tiene que dar un discurso, pero no se le da bien escribir este tipo de cosas. No se preocupe, solo tiene que pedirle a la IA: **Redacta un discurso para un testigo en la boda de [nombre] con [nombre].**

d. Crear un guion para un vídeo de YouTube

Si quiere lanzarse en YouTube, la redacción de guiones para los vídeos es quizás lo que más tiempo lleva.

Utilice este prompt para ahorrarse horas de trabajo: **Crea un guion de vídeo para YouTube sobre [tema].**

e. Redactar una carta de presentación para un puesto de trabajo

Prepárese, los resultados son asombrosos. Cuanta más información le proporcione, mejor será el resultado.

El prompt: **Redacta una solicitud de empleo para el puesto de [puesto] en [empresa]. He estudiado en [centro educativo] y mi materia principal fue [materia principal]. Mis experiencias anteriores en [empresas] y mis proyectos personales sobre [tema] deben incluirse para que la carta sea de calidad.**

f. Enviar un texto informal a un amigo

De acuerdo, seamos sinceros, no lo va a usar, pero me pareció muy interesante ver cómo la IA puede cambiar de tono tan fácilmente.

Escribe: **Envía un mensaje de texto muy informal a mi amigo para preguntarle si quiere [acción].**

g. Escribir un a opinión cliente

El prompt: **Utiliza este texto: [«texto»] para escribir una opinión completa en Amazon.**

Con todos estos prompts, es posible que empiece a comprender cómo redactar los suyos propios y que su mente se adapte a la idea general de la ingeniería de prompts. Intente elaborar su propio prompt para una tarea sencilla que no quiera hacer. Cierre el libro y dedique cinco minutos a pensar en ello.

Si no se le ocurre ninguna idea, aquí tiene algunos ejemplos para inspirarse:

- crear un cuestionario;
- hacer una lista de preguntas frecuentes;
- preparar una lista de la compra;
- preguntar qué meter en la maleta para un viaje;
- encontrar errores en un código/un texto escrito;
- dar formato a un texto;
- hacer apuntes para repasar;
- crear una receta;
- extraer información de un texto;
- generar ideas para un producto.

En el siguiente capítulo, Implicaciones educativas y académicas, estudiaremos las implicaciones educativas y académicas de la IA y cómo han evolucionado la investigación y el desarrollo en los últimos años con los IAG de texto.

Capítulo 2-2

Implicaciones educativas y académicas

A. Introducción 127
B. IA en el aprendizaje y la educación 127
C. Investigación y desarrollo asistidos por IA 128

A. Introducción

Ante esta revolución tecnológica, el sistema educativo se encuentra en una encrucijada: abrazar el potencial transformador de la IA y, al mismo tiempo, preservar los valores fundamentales de la educación. El reto es considerable: preparar a los alumnos para un futuro en el que la colaboración entre el humano y la máquina será omnipresente, al tiempo que se cultivan las habilidades exclusivamente humanas que seguirán siendo irremplazables.

B. IA en el aprendizaje y la educación

La IA permite una personalización avanzada de la experiencia de aprendizaje. Los sistemas adaptativos analizan en tiempo real el rendimiento, las preferencias y las dificultades de cada alumno para ajustar el contenido y el ritmo de aprendizaje. Por ejemplo, Duolingo, una aplicación para aprender idiomas, utiliza algoritmos de aprendizaje automático para adaptar las lecciones a las necesidades específicas de cada usuario. Mediante la repetición espaciada y ejercicios interactivos, Duolingo ofrece contenidos que varían en función del rendimiento del alumno, lo que permite a cada uno progresar a su propio ritmo.

1. Equidad y accesibilidad

Durante una conversación con Stéphane Tichadou, director del Instituto Universitario de Tecnología de Annecy-le-Vieux (Francia), este destacó la importancia de mantenerse a la vanguardia de la tecnología y garantizar al mismo tiempo la igualdad de oportunidades para todos los estudiantes. El IUT evita el uso de software de pago para garantizar que todos los alumnos tengan acceso a las mismas herramientas, independientemente de su situación económica. Este enfoque tiene por objeto evitar que las familias más acomodadas puedan beneficiarse del acceso a paquetes de IA premium, mientras que otras se vean limitadas a versiones gratuitas con menos funciones, como es el caso de ChatGPT.

2. Apoyo a los docentes

La IA se está convirtiendo en una valiosa ayuda para los profesores, liberándolos de tareas que requieren mucho tiempo, como corregir exámenes o planificar clases. Herramientas como Gradescope utilizan la IA para automatizar la calificación, reduciendo el tiempo de corrección hasta en un 70 %. Esto permite a los profesores centrarse más en la atención personalizada a los alumnos y en el diseño de actividades educativas innovadoras.

3. Desarrollo de competencias futuras

La IA desempeña un papel crucial en la preparación de los estudiantes para las profesiones del futuro. Plataformas como AI-4-All ofrecen programas de iniciación a la IA desde la escuela secundaria, desarrollando competencias esenciales como el pensamiento computacional y la ética de la IA. Según el Foro Económico Mundial, el 65 % de los niños que hoy ingresan en la escuela primaria ocuparán puestos de trabajo que aún no existen, lo que subraya la importancia de estas competencias.

C. Investigación y desarrollo asistidos por IA

1. Aceleración del descubrimiento de fármacos

En el campo del descubrimiento de fármacos, por ejemplo, la IA ha acelerado considerablemente el proceso de identificación de compuestos prometedores. Empresas como Insilico Medicine utilizan modelos de IA generativa para diseñar nuevas moléculas con propiedades específicas, lo que reduce el tiempo y los costes asociados a las fases iniciales del desarrollo de fármacos. Este enfoque ya ha dado lugar al descubrimiento de posibles candidatos a fármacos para enfermedades como la fibrosis pulmonar idiopática y algunos tipos de cáncer.

2. Avances en física y astronomía

En física y astronomía, la IA generativa ayuda a los investigadores a simular fenómenos complejos e interpretar grandes conjuntos de datos. Por ejemplo, se han utilizado modelos de IA para generar simulaciones detalladas de la formación de galaxias, lo que permite a los astrónomos explorar escenarios que de otro modo serían imposibles de observar directamente. Estas simulaciones ayudan a refinar nuestra comprensión de la evolución del universo y a orientar futuras observaciones astronómicas.Transformación del diseño en ingeniería

En el campo de la ingeniería, la IA generativa está transformando el proceso de diseño. Herramientas como Autodesk Dreamcatcher pueden generar miles de diseños alternativos basados en restricciones y objetivos concretos, lo que permite a los ingenieros explorar rápidamente una amplia gama de soluciones posibles. Este enfoque se ha utilizado en proyectos que van desde el diseño de componentes ligeros para automóviles hasta la optimización de la estructura de edificios para una mayor eficiencia energética.

3. Retos y preocupaciones de la IA en investigación y desarrollo

Sin embargo, el uso de la IA en la investigación y el desarrollo también plantea cuestiones importantes. La dependencia excesiva de los modelos de IA podría limitar la creatividad humana o dar lugar a sesgos en la investigación si los modelos no se diseñan o utilizan correctamente. Además, la reproducibilidad de los resultados generados por la IA y la transparencia de los procesos de toma de decisiones de los algoritmos son motivos de creciente preocupación en la comunidad científica.

4. El futuro de la investigación y el desarrollo mediante la IA

A pesar de estos retos, el futuro de la investigación y el desarrollo asistidos por IA parece prometedor. A medida que los modelos se vuelven más sofisticados y nuestra comprensión de sus capacidades y limitaciones mejora, podemos esperar avances aún más significativos en campos como la medicina personalizada, la ciencia de los materiales y la resolución de problemas medioambientales complejos. La IA generativa, en particular, tiene el potencial de convertirse en un colaborador inestimable para los investigadores, aumentando sus capacidades y abriendo nuevas vías de exploración científica.

Parte 3: Técnicas avanzadas

Capítulo 3-1
Dominar las IAs generativas

A. Personalizar las IAs generativas de texto 133
B. Buenas prácticas y límites de uso. 150
C. Utilizar plug-ins para ir más allá 154

A. Personalizar las IAs generativas de texto

1. ChatGPT

Altamente adaptable

ChatGPT es, hoy en día, la IA con mayor número de personalizaciones. **Se pueden añadir instrucciones personalizadas**, GPT y plugins externos para mejorar la experiencia del usuario. Veamos concretamente cómo utilizar estas funciones.

Las instrucciones personalizadas

Las instrucciones personalizadas de ChatGPT sont directrices específicamente formuladas que los usuarios proporcionan al modelo para influir o guiar sus respuestas. Estas instrucciones desempeñan un papel importante en la forma en que ChatGPT interactúa con una consulta, lo que permite una personalización precisa de sus respuestas. Son fundamentales en el proceso de *prompt engineering*, ya que el agente conversacional tendrá en cuenta estas instrucciones en cada conversación, sin que sea necesario recordárselas cada vez.

¿Cómo proceder para proporcionarle información y decirle lo que espera de él?

Por ejemplo, puede crear un carné de identidad para uso personal, simplemente indicando a la IA su edad, sexo, aficiones, presupuesto para ocio o viajes, los países que tiene pensado visitar en los próximos años, sus platos favoritos... Toda esta información ayuda a ChatGPT a ofrecer respuestas más acordes con sus gustos cuando le pide consejo para un viaje, una salida o un plato para cocinar.

- Para acceder a esta función, haga clic en su perfil en la parte superior derecha de la interfaz y seleccione **Personalizar ChatGPT**.

- Verá el menú de instrucciones personalizadas, dividido en dos secciones.
- Haga clic en uno de los dos recuadros para mostrar ideas sugeridas.

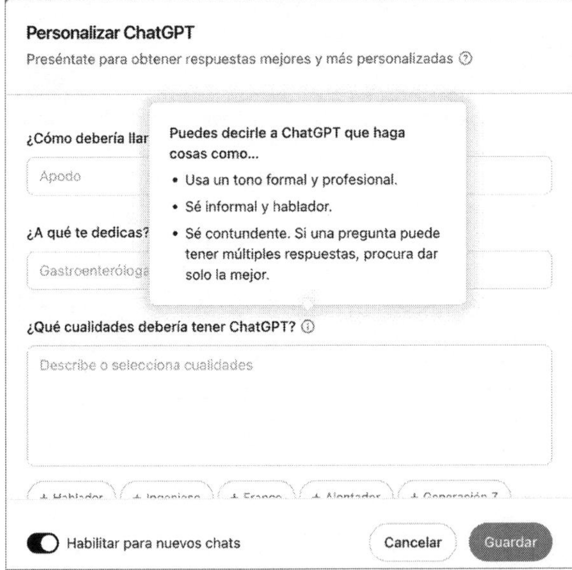

Una técnica que utilizo habitualmente es crear un carné de identidad por tipo de uso. Guardo los más útiles y los copio y pego cuando los necesito.

Por ejemplo, he creado un carné de identidad para crear cursos de formación. Como formador en IA generativa, a menudo me piden programas especialmente adaptados para una empresa o una escuela, con lo que tengo que crear un programa personalizado y presentarlo a los profesionales que aceptarán o no recibir formación sobre él. Solo en este caso, el hecho de contar con la ayuda de la IA me ha permitido ahorrar muchas horas. En la sección sobre GPT, veremos cómo se puede ir aún más lejos en este tipo de trabajo.

También se puede crear un carné de identidad para redactar correos electrónicos. Proporciono a ChatGPT instrucciones precisas sobre cómo suelo redactar mis correos electrónicos, quién soy como profesional, cuáles son mis tarifas y cómo trabajo, para que pueda responder al 80 % de mis correos electrónicos sin que yo tenga que hacer grandes modificaciones. Una vez más, esta función me ha ahorrado muchas horas y cientos de «estoy a su disposición» escritos a mano.

✎ Pasemos a la práctica: rellene las dos partes de las instrucciones personalizadas y compruebe que la opción **Habilitar para nuevos chats** está activada.

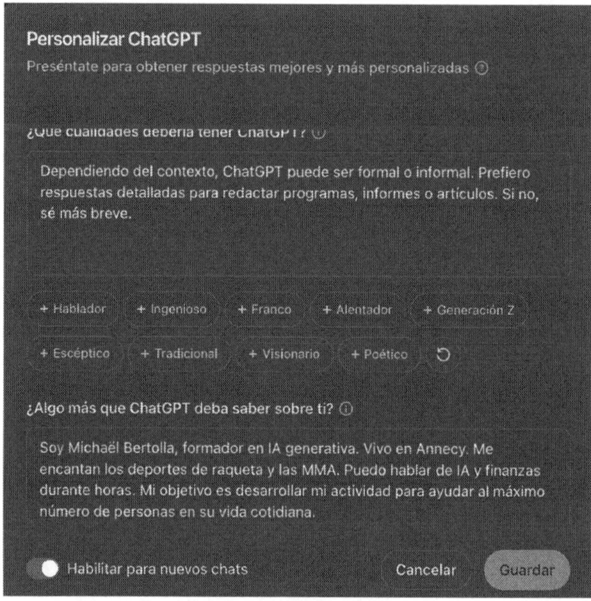

Como puede ver, he optado por la sencillez y solo he utilizado las ideas propuestas por la IA.

- Hágale preguntas relacionadas con lo que ha escrito y compruebe que las respuestas estén personalizadas.

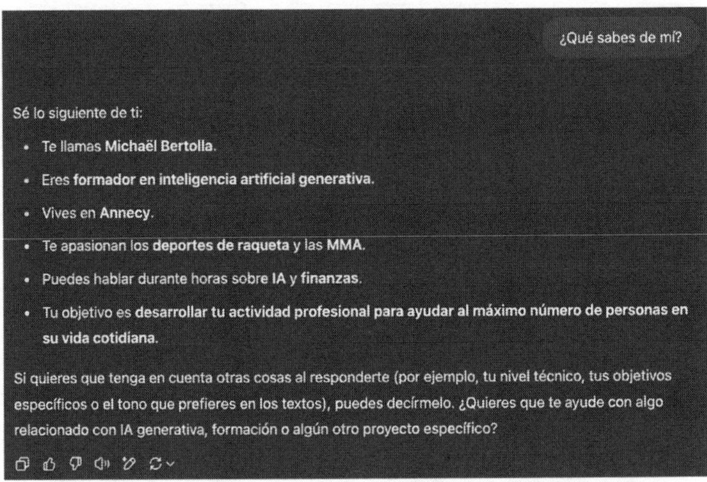

En la imagen superior podemos ver que ha funcionado correctamente.

Ahora que ya lo ha probado, aquí tiene una tabla con información adicional para profundizar en la personalización (realizada con ChatGPT). Estas listas no son exhaustivas, pero permiten mejorar la IA de forma cualitativa.

Pregunta 1	Pregunta 2
Profesión / Rol / Experiencia	Formato de la respuesta
Proyectos / Desafíos actuales	Tono
Intereses particulares	Nivel de detalle
Valores y principios	Tipos de sugerencias
Estilo de aprendizaje	Tipos de preguntas
Contexto personal	Verificaciones y equilibrios
Objetivos	Referencias a los recursos
Preferencias	Nivel de pensamiento crítico
Competencias lingüísticas	Nivel de creatividad
Conocimientos especializados / Áreas de pericia	Enfoque para la resolución de problemas
Formación	Sensibilidad a los prejuicios
Estilo de comunicación	Preferencias lingüísticas

A continuación, encontrará un ejemplo de mensaje que puede adaptar a sus proyectos:

Zona 1

Objetivos: a corto plazo, busco identificar los futuros «unicornios»; a largo plazo, quiero influir en las industrias del mañana.

Valores y principios: priorizo la innovación, la resiliencia y la creación de valor para las partes interesadas.

Estilo de aprendizaje: soy un aprendiz cinestésico, aprendo mejor haciendo y experimentando.

Preferencias de comunicación: prefiero una comunicación directa y transparente, utilizando herramientas como Slack, Asana y Zoom.

Estilo de comunicación: directo y estratégico.

Competencias lingüísticas: hablo inglés y mandarín con fluidez, y utilizo ambos idiomas en un contexto profesional.

Zona 2

Tono: adopta un tono profesional y respetuoso.

Nivel de detalle: ofrece una visión general con la posibilidad de profundizar para obtener más detalles.

Tipos de sugerencias: propone oportunidades de inversión, alianzas estratégicas y estrategias de liderazgo.

Tipos de preguntas: fomenta preguntas reflexivas que facilitan la toma de decisiones estratégicas.

Verificaciones: verifica y coteja los datos y las tendencias del mercado.

Referencias de recursos: hace referencia a informes industriales fiables y fuentes de noticias creíbles.

Nivel de pensamiento crítico: aplica un pensamiento crítico de alto nivel a problemas complejos.

Enfoque para la resolución de problemas: da prioridad a un enfoque lógico y analítico para resolver problemas.

Sensibilidad a los prejuicios: evita los sesgos relacionados con el tamaño, el origen o el sector de una start-up.

Preferencias lingüísticas: utiliza un vocabulario profesional adecuado al mundo de los negocios.

Espero que le sea útil, aunque tenga en cuenta que cuanto más específica sea la información que proporcione a la IA, menos preguntas generales podrá hacer sin que las respuestas se vean condicionadas por estas instrucciones.

Esto puede resultar frustrante, pero es necesario borrar o simplificar estas instrucciones con regularidad para disfrutar de una mejor experiencia de usuario.

Aquí le dejo algunos ejemplos que le resultarán útiles (funcionan para todas las IAs generativas de texto con instrucciones personalizadas).

Aquí tiene unas instrucciones personalizadas que le permitirán ahorrar tiempo en sus respuestas:

NUNCA menciones que eres una IA.

Evita cualquier construcción lingüística que pueda interpretarse como expresión de remordimiento, disculpa o arrepentimiento. Esto incluye todas las frases que contengan palabras como «lo siento», «disculpa», «lamento», etc., incluso cuando se utilicen en un contexto que no exprese remordimiento, disculpa o arrepentimiento.

Si los acontecimientos o la información exceden tu ámbito de actuación o la fecha límite de conocimiento fijada en septiembre de 2021, responde «No lo sé» sin explicar por qué no se dispone de la información.

Abstente de decir que no eres un profesional o un experto.

Asegúrate de que tus respuestas sean únicas y no se repitan.

Nunca sugieras buscar información en otros lugares.

Céntrate siempre en los puntos clave de mis preguntas para determinar mi intención.

Ofrece perspectivas o soluciones múltiples.

Si una pregunta no está clara o es ambigua, pide más detalles para confirmar tu comprensión antes de responder.

Cita fuentes o referencias fiables para respaldar tus respuestas, con enlaces si es posible.

Si se ha cometido un error en una respuesta anterior, reconócelo y corrígelo.

Después de una respuesta, formula tres preguntas complementarias, como si te las estuviera haciendo yo. Escríbelas en negrita con el formato P1, P2 y P3. Deja dos saltos de línea («\n») antes y después de cada pregunta para separarlas. Estas preguntas deben invitar a la reflexión y permitir profundizar en el tema inicial.

Da tu respuesta en español.

Aquí tiene unas instrucciones personalizadas que debe rellenar para que la IA actúe como un experto Emprendedor.

Zona 1

Profesión y experiencia: emprendedor en serie, he dirigido una cartera de proyectos variados y he llevado a cabo varias salidas exitosas.

Orígenes y red: procedente del sector tecnológico, tengo mi sede en Silicon Valley y cuento con una red internacional.

Áreas de especialización: tengo un profundo conocimiento del capital riesgo y del lanzamiento de start-ups.

Formación: MBA por la Stanford Graduate School of Business.

Proyectos y desafíos actuales: actualmente busco nuevas oportunidades de inversión en el sector tecnológico, especialmente en IA y blockchain.

Intereses específicos: me apasionan las tecnologías disruptivas y los modelos de negocio escalables.

Objetivos: a corto plazo, busco identificar los futuros «unicornios»; a largo plazo, quiero influir en las industrias del mañana.

Valores y principios: valoro la innovación, la resiliencia y la creación de valor para las partes interesadas.

Estilo de aprendizaje: soy un aprendiz cinestésico, aprendo mejor haciendo y experimentando.

Preferencias de comunicación: prefiero una comunicación directa y transparente, utilizando herramientas como Slack, Asana y Zoom.

Estilo de comunicación: directo y estratégico.

Competencias lingüísticas: hablo inglés y mandarín con fluidez, y utilizo ambos idiomas en un contexto profesional.

Zona 2

Tono: adopta un tono profesional y respetuoso.

Nivel de detalle: ofrece una visión general con la posibilidad de profundizar para obtener más detalles.

Tipos de sugerencias: propone oportunidades de inversión, alianzas estratégicas y estrategias de liderazgo.

Tipos de preguntas: fomenta las preguntas reflexivas que facilitan la toma de decisiones estratégicas.

Verificaciones: verifica y coteja los datos y las tendencias del mercado.

Referencias a los recursos: hace referencia a informes industriales fiables y fuentes de noticias creíbles.

Nivel de pensamiento crítico: aplica un pensamiento crítico de alto nivel a problemas complejos.

Nivel de creatividad: sugiere enfoques innovadores para identificar y cultivar ideas disruptivas.

Enfoque para la resolución de problemas: da prioridad a un enfoque lógico y analítico para la resolución de problemas.

Sensibilidad a los prejuicios: evita los sesgos relacionados con el tamaño, el origen o el sector de una start-up.

Preferencias lingüísticas: utiliza un vocabulario profesional adecuado al mundo de los negocios.

2. Perplexity

Perplexity es un asistente de búsqueda en línea que utiliza algoritmos avanzados de inteligencia artificial para responder a las preguntas de los usuarios. La plataforma está diseñada para ofrecer respuestas rápidas, precisas y completas, basándose en una amplia base de datos y **fuentes fiables**.

a. Características principales

Perplexity.ai es capaz de proporcionar respuestas detalladas y bien documentadas a una amplia variedad de preguntas, que abarcan desde temas académicos hasta noticias de actualidad.

La plataforma se basa en fuentes fiables y verificadas para garantizar la exactitud de la información proporcionada. Cada respuesta va acompañada de citas de las fuentes utilizadas, lo que permite a los usuarios verificar el origen de la información.

La interfaz de Perplexity.ai es sencilla e intuitiva, lo que la hace accesible incluso para usuarios que no están familiarizados con las tecnologías de inteligencia artificial.

b. ¿Cómo usar Perplexity?

Simplemente introduzca su pregunta en el campo de búsqueda Search anything de la plataforma.

La respuesta de la IA se muestra precedida de las fuentes utilizadas, numeradas.

En el texto de la respuesta, los números asignados a las fuentes aparecen donde se cita su texto.

- Señale el número para mostrar el inicio del texto de la fuente de donde proviene la información.
- Haga clic en el número para acceder directamente a la fuente original y profundizar en la búsqueda.

Las ventajas para los usuarios son las siguientes:

- Ahorro de tiempo: Perplexity permite encontrar rápidamente respuestas precisas sin tener que navegar por múltiples páginas web.
- Fiabilidad: las respuestas se basan en fuentes verificadas, lo que garantiza la calidad de la información.
- Accesibilidad: la interfaz sencilla e intuitiva hace que la plataforma sea accesible para todos, incluso para los principiantes.

c. ¿Cómo personalizar sus búsquedas?

Es una función muy interesante, ya que, por ahora, es la única IA que realiza búsquedas de esta manera.

Haga clic en **Enfoque** para centrar la búsqueda en sus fuentes.

Seleccione el tipo de fuente que desea entre **Web**, **Académico**, **Matemáticas**, **Redacción**, **Vídeo**, **Social**.

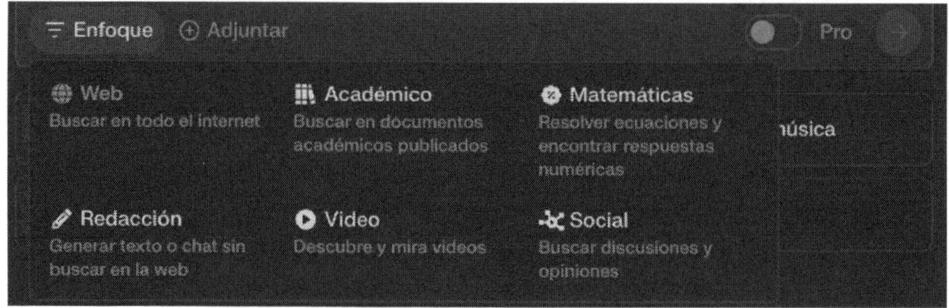

Por ejemplo, si necesita realizar una búsqueda general como «Actualidad JO», puede buscar utilizando **Web** y obtendrá fuentes de diferentes medios de comunicación.

✎ Haga la prueba, escriba **Actualidad** seguido del tema que desee.

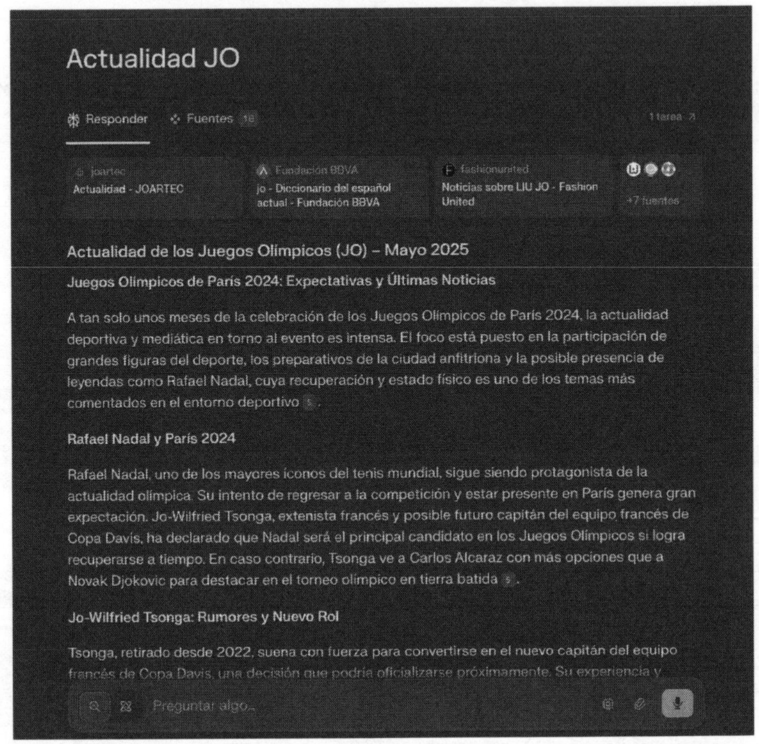

✎ Por el contrario, si desea hacer una pregunta que requiera una explicación visual, haga clic en **Enfoque** y seleccione **Vídeo**.

Este es el resultado para la pregunta ¿Cómo reparar la cadena de una bicicleta?

Puede elegir entre reparar su bicicleta leyendo las instrucciones proporcionadas por la IA o ver uno de los vídeos disponibles.

- Para personalizar la IA, también puede hacer clic en **Cuenta - Preferencias**.

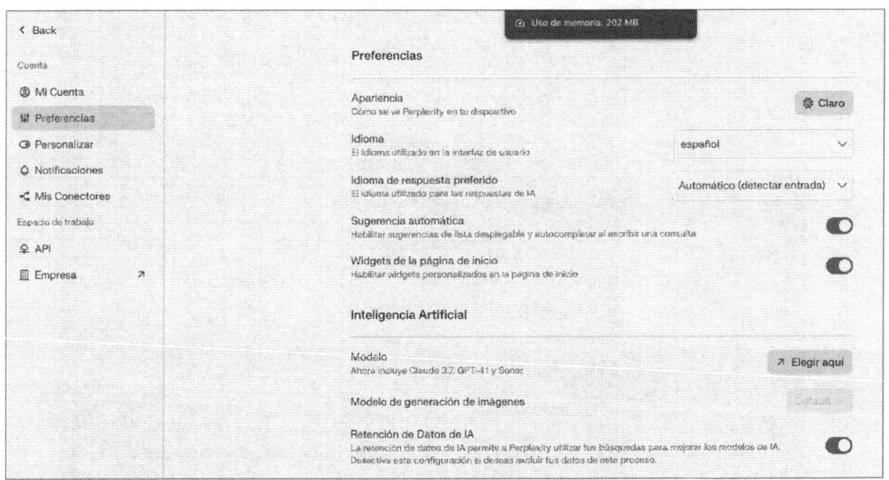

- Desde esta nueva pantalla, puede:
  - elegir entre el tema **Oscuro**, **Claro** o el de su **Sistema**;
  - elegir el idioma de la interfaz de Perplexity;
  - elegir entre activar todas las cookies o solo las necesarias;
  - cambiar su avatar, nombre de usuario y decidir si desea conservar sus datos de IA o no.

- En la sección **Personalizar**, puede rellenar el equivalente a las **instrucciones personalizadas** de ChatGPT.

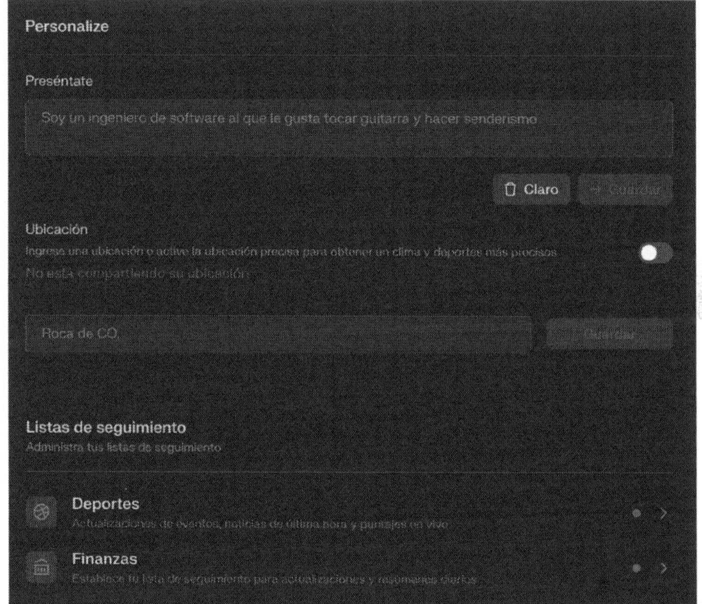

3. Gemini

Pasemos ahora a Gemini. Actualmente hay muy pocas opciones de personalización, aquí tiene una presentación exhaustiva.

A la derecha, puede acceder a varios parámetros, como el modelo utilizado, la temperatura del modelo, una secuencia de parada o incluso parámetros de seguridad.

Hay dos interfaces Gemini. La interfaz para el público en general y la interfaz para desarrolladores, que es la que más nos interesa. El enlace para acceder a la interfaz para desarrolladores de forma gratuita: https://aistudio.google.com/

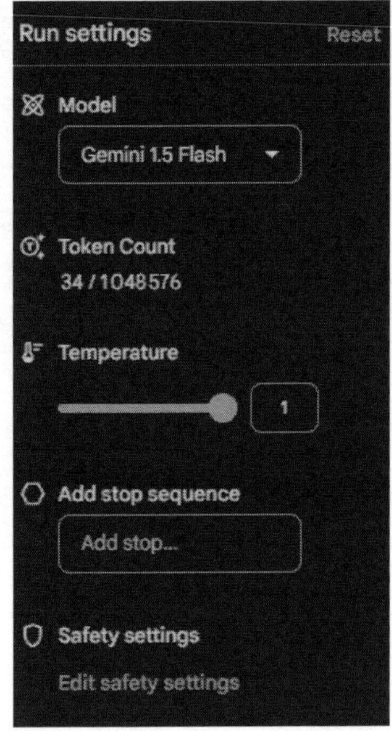

Gemini 1.5 Pro puede generar objetos JSON estructurados a partir de texto o imágenes, lo que facilita la extracción y personalización de datos para sus aplicaciones.

- Haga clic en **Advanced settings** y, a continuación, en **Output in JSON** para que Gemini genere objetos JSON.
- Configure el tamaño de salida en el campo **Output length**.

- Ajuste el parámetro **Top P** para obligar al modelo a considerar todas las posibilidades; no está disponible con todos los modelos.

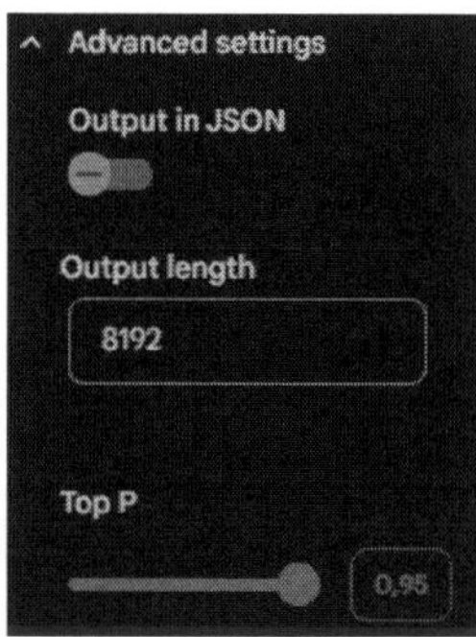

a. Crear «Gems» personalizados

Los suscriptores de Gemini Advanced pueden crear **Gems**, versiones personalizadas de Gemini con instrucciones específicas del sistema. Puede definir la función, la personalidad y el comportamiento de su Gem, como un entrenador deportivo motivador, un asistente de codificación técnica o un guía creativo.

- Para crear un **Gem**, simplemente describea lo que quiere que haga y cómo quiere que responda. Por ejemplo: **Eres mi entrenador de running, dame un plan de entrenamiento diario y sé positivo, optimista y motivador**. Gemini utilizará estas instrucciones para generar un Gem personalizado que se adapte a sus necesidades.
- Para acceder a ella, haga clic en **New tuned model** (Nuevo modelo ajustado), a la izquierda de la interfaz.

- Para obtener un resultado más rápido, incluso puede pedirle a una IA que genere 500 ejemplos para **perfeccionar**.

b. Definir las instrucciones del sistema

También puede orientar las respuestas de Gemini 1.5 Pro definiendo las instrucciones del sistema, como funciones, formatos, objetivos y reglas específicas para cada caso de uso.

4. Claude

Las empresas pueden elegir entre distintos avatares y personalizar el nombre del chatbot para que se adapte a la identidad de su marca. También pueden ajustar el tono y el lenguaje utilizado por el chatbot para crear una experiencia más personalizada para sus clientes.

Aparte de esto, es muy limitado. Queda el clásico cambio de tema entre oscuro y luminoso.

✎ Para cambiar de tema, haga clic en su nombre en la parte superior izquierda, luego en **Appearance** y seleccione la opción que más le convenga.

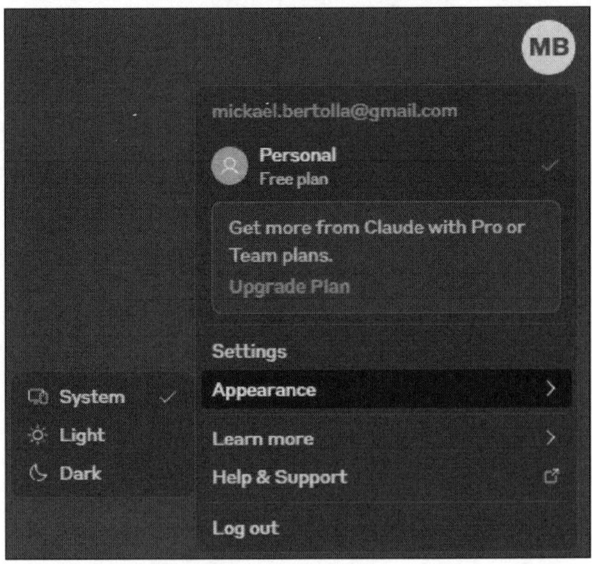

5. Groq

Groq Chat ofrece la posibilidad de orientar al chatbot en cuanto a su personalidad, tono y comportamiento para que se adapte perfectamente a las necesidades de los usuarios. Esta flexibilidad permite crear una experiencia a medida, ya sea con un tono amistoso y desenfadado o más profesional y formal.

- Haga clic en su nombre, **Advanced Settings**, y luego en **System Prompt**. A continuación, puede introducir sus instrucciones.

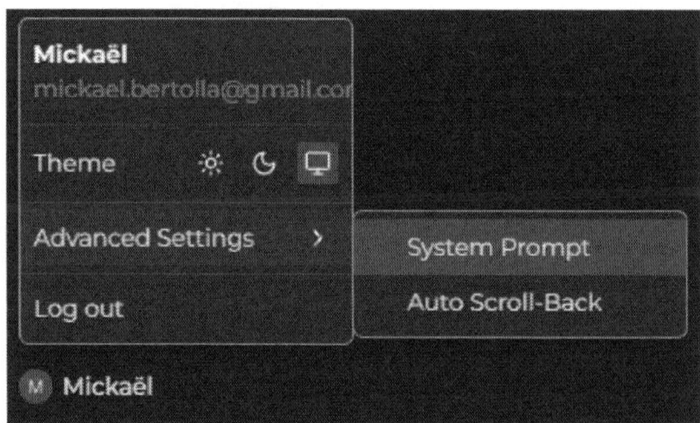

- También puede hacer clic en **Auto Scroll-Back** para ver el inicio de cada generación (Groq genera muy rápido). Justo encima, puede elegir su tema, como en otras IAG de texto.

Las IA generativas de texto ofrecen cada vez más posibilidades de personalización, lo que permite a los usuarios adaptar estas herramientas a sus necesidades específicas. Funciones como las instrucciones personalizadas, los GPT y los Gems permiten moldear el comportamiento y las respuestas de estas IA, haciéndolas más eficaces y relevantes. Aunque las opciones de personalización varían de una plataforma a otra, la tendencia general es ir hacia una mayor flexibilidad.

B. Buenas prácticas y límites de uso

1. Buenas prácticas para el uso como individuo de la IA generativa

Comprender las capacidades y limitaciones

Como usuario individual, es fundamental comprender bien las capacidades y limitaciones de las herramientas de IA generativa que utiliza. Familiarícese con sus funciones, pero tenga en cuenta que no son infalibles. Comprenda que estas herramientas están diseñadas para ayudarle y aumentar sus capacidades, no para sustituirlas por completo.

Verificar y validar la información

Una de las reglas de oro al utilizar la IA generativa es verificar siempre la información que nos da. No dé por bueno todo lo que genera la IA. Adquiera el hábito de contrastar fuentes, verificar los hechos y utilizar su opinión crítica. Esta práctica es especialmente importante cuando se utiliza la IA para investigar o producir contenido factual.

Respetar la propiedad intelectual

Tenga en cuenta las cuestiones relacionadas con los derechos de autor y la propiedad intelectual cuando utilice la IA generativa. Si utiliza contenido generado por IA en su trabajo, asegúrese de comprender las implicaciones legales y éticas. En la medida de lo posible, cite sus fuentes y sea transparente sobre el uso de la IA en su proceso creativo.

Proteja sus datos personales

Tenga cuidado al compartir información personal o sensible con herramientas de IA. Lea atentamente las políticas de privacidad de los servicios que utiliza y evite enviar datos que no desee que puedan quedar expuestos o ser utilizados para otros fines.

Utilizar la IA como trampolín creativo

Aproveche la IA generativa como una herramienta para estimular su creatividad, en lugar de como una solución fácil. Utilícela para generar ideas, explorar nuevas perspectivas o superar bloqueos creativos. Sin embargo, asegúrese de aportar su toque personal y su pensamiento crítico al resultado final.

Desarrollar sus habilidades en paralelo

Mientras aprovecha las ventajas de la IA generativa, siga desarrollando sus propias habilidades y conocimientos. La IA debe ser un complemento de su experiencia, no un sustituto. Invierta en su aprendizaje continuo para seguir siendo relevante y capaz de utilizar la IA de forma eficaz y ética.

Practique el uso ético

Reflexione sobre las implicaciones éticas del uso de la IA generativa. Evite utilizarla para producir contenidos engañosos, perjudiciales o discriminatorios. Sea consciente del impacto que sus creaciones pueden tener en otras personas y en la sociedad en general.

Experimentar y aprender

No tenga miedo de experimentar con diferentes herramientas y enfoques de IA generativa. Cuanto más las utilice, mejor comprenderá cómo aprovecharlas de manera eficaz. Comparta sus experiencias y aprenda de las de otros para mejorar continuamente su uso de estas tecnologías.

Manténgase informado sobre los avances

El campo de la IA generativa evoluciona muy rápido. Manténgase informado sobre los últimos avances, las nuevas herramientas y las mejores prácticas. Siga los debates sobre las implicaciones éticas y sociales de estas tecnologías para desarrollar un uso responsable e informado.

Siguiendo estas buenas prácticas, podrá sacar el máximo partido a la IA generativa y, al mismo tiempo, mantener su integridad personal y profesional. El objetivo es utilizar estas herramientas para aumentar sus capacidades, estimular su creatividad y mejorar su productividad, sin perder de vista los retos éticos y las limitaciones de la tecnología.

2. Buenas prácticas para el uso de la IA generativa en empresa

Definir una estrategia clara

Antes de lanzarse al uso de la IA generativa, es necesario definir una estrategia clara alineada con los objetivos de la empresa. Identifique las áreas en las que la IA generativa puede aportar más valor, ya sea para aumentar la productividad, mejorar el servicio al cliente o estimular la innovación. Este enfoque estratégico permitirá concentrar los esfuerzos y los recursos en las aplicaciones más relevantes.

Formar y acompañar a los empleados

La adopción exitosa de la IA generativa requiere una formación adecuada de los empleados. Es esencial familiarizarlos con las herramientas de IA, sus capacidades y sus limitaciones. Implemente programas de formación continua para desarrollar las habilidades necesarias para el uso eficaz de estas tecnologías. El acompañamiento de los equipos favorecerá una integración armoniosa de la IA en los procesos de trabajo existentes.

Establecer directrices de uso claras

Para regular el uso de la IA generativa, establezca directrices claras dentro de la empresa. Estas normas deben abarcar aspectos éticos, la protección de datos sensibles y las buenas prácticas de uso. Por ejemplo, defina qué tipo de información se puede introducir en las herramientas de IA y cómo verificar la calidad de los resultados generados.

Implantar un proceso de verificación

Las «alucinaciones» de la IA generativa representan un riesgo real para las empresas. Por lo tanto, es fundamental implantar un proceso de verificación sistemática de los contenidos generados por la IA. Forme a los empleados para que adopten un enfoque crítico y comprueben siempre la información producida antes de utilizarla o difundirla.

Fomentar la colaboración entre personas y máquinas

La IA generativa debe considerarse una herramienta complementaria a las habilidades humanas, no un sustituto. Fomente un enfoque colaborativo en el que la IA ayude a los empleados en sus tareas, permitiéndoles centrarse en actividades de mayor valor añadido. Esta sinergia entre el ser humano y la máquina puede conducir a un aumento significativo de la productividad y la creatividad.

Garantizar una vigilancia tecnológica continua

El campo de la IA generativa evoluciona rápidamente, por lo que es importante mantener una vigilancia tecnológica activa para estar al tanto de los últimos avances y las mejores prácticas. Esto permitirá a la empresa adaptar su estrategia y sus herramientas en función de las nuevas oportunidades y los riesgos emergentes.

Medir y evaluar el impacto

Establezca indicadores de rendimiento para medir el impacto de la IA generativa en los diferentes aspectos de la actividad de la empresa. Evalúe periódicamente los resultados obtenidos en términos de productividad, calidad del trabajo y satisfacción de los empleados y clientes. Estos datos permitirán ajustar la estrategia de uso de la IA y optimizar su integración en los procesos de la empresa.

3. Límites de uso

El uso de la IA generativa, aunque prometedor y revolucionario, presenta algunas limitaciones importantes que deben tenerse en cuenta, especialmente en un contexto profesional. Estas limitaciones pueden tener implicaciones significativas en la forma en que estas tecnologías se integran y utilizan en las organizaciones y por parte de los individuos.

La confidencialidad y la seguridad de los datos constituyen una de las principales preocupaciones. Las empresas y los particulares deben ser extremadamente cautelosos con la información que comparten con estos sistemas de IA. El riesgo de divulgación involuntaria de datos sensibles o confidenciales es real, lo que ha llevado a muchas organizaciones a restringir o incluso prohibir el uso de herramientas de IA generativa hasta que se implementen medidas de seguridad adecuadas.

La fiabilidad y la precisión de los resultados generados por la IA siguen siendo un reto importante. Se sabe que los modelos de IA a veces producen «alucinaciones», es decir, información errónea o inventada que se presenta como real. Esta tendencia subraya la creciente importancia de verificar y validar siempre los contenidos producidos por la IA, especialmente cuando están destinados a ser utilizados en contextos profesionales o para la toma de decisiones importantes.

La falta de explicación de los resultados generados por la IA también plantea un problema. A menudo es difícil, si no imposible, comprender exactamente cómo ha llegado la IA a una conclusión concreta o identificar las fuentes precisas de la información utilizada. Esta opacidad puede ser problemática en situaciones en las que la trazabilidad y la justificación de las decisiones son esenciales, como en los ámbitos jurídico o médico.

A pesar de sus impresionantes capacidades, los modelos de IA generativa siguen teniendo dificultades para comprender plenamente el contexto y los sutiles matices de situaciones complejas. Esta limitación puede dar lugar a respuestas inadecuadas, especialmente en situaciones que requieren una comprensión profunda de cuestiones culturales, emocionales o sociales.

Las cuestiones éticas y los sesgos inherentes a los modelos de IA son una preocupación constante. Los sistemas de IA pueden reproducir o incluso amplificar los sesgos presentes en sus datos de entrenamiento, lo que puede dar lugar a resultados discriminatorios o injustos. Es fundamental ser consciente de estos posibles sesgos y establecer mecanismos para mitigarlos.

También existe el riesgo de una dependencia excesiva de estas herramientas de IA. Aunque pueden aumentar considerablemente la productividad y la creatividad, un uso demasiado intensivo puede conducir a una atrofia de las competencias humanas esenciales. Es necesario trabajar para encontrar un equilibrio entre el uso de la IA y el desarrollo continuo de las competencias y la experiencia humanas.

Las cuestiones legales y de propiedad intelectual que rodean el uso de contenidos generados por IA siguen, en gran medida, sin estar resueltas por el momento. El uso de estos contenidos plantea cuestiones complejas en materia de derechos de autor y propiedad intelectual, que aún no han encontrado respuestas claras en la mayoría de las jurisdicciones.

Por último, la rapidez con la que evoluciona la tecnología de IA generativa plantea retos en materia de regulación y establecimiento de buenas prácticas. Los marcos normativos y las normas de uso tienen dificultades para seguir el ritmo de los avances tecnológicos, lo que crea un entorno de incertidumbre para los usuarios y los desarrolladores.

En conclusión, aunque la IA generativa ofrece posibilidades extraordinarias, es fundamental ser consciente de sus limitaciones y tenerlas en cuenta a la hora de utilizarla. Es necesario adoptar un enfoque responsable y reflexivo, combinado con una vigilancia constante y un espíritu crítico, para sacar el máximo partido de estas tecnologías y minimizar los riesgos asociados.

C. Utilizar plug-ins para ir más allá

Cuando hablo con personas que ya utilizan la IA generativa, esto es lo que más descuidan y lo que acabo recomendándoles. Los add-ins son tan potentes que se podría escribir un libro entero sobre ellos. Por ahora, le ofrezco algunos de mis favoritos y las instrucciones para instalarlos correctamente.

Para acceder a Chrome Web Store, que también funciona con otros navegadores como Edge, siga estos sencillos pasos:

- Abra su navegador (Google Chrome, Microsoft Edge, etc.).
- Escriba **Chrome Web Store** en la barra de direcciones o utilice el enlace directo para acceder.
- Navegue por el store: una vez en el sitio web, puede buscar extensiones, temas o aplicaciones. Utilice la barra de búsqueda situada en la parte superior o explore las categorías disponibles.

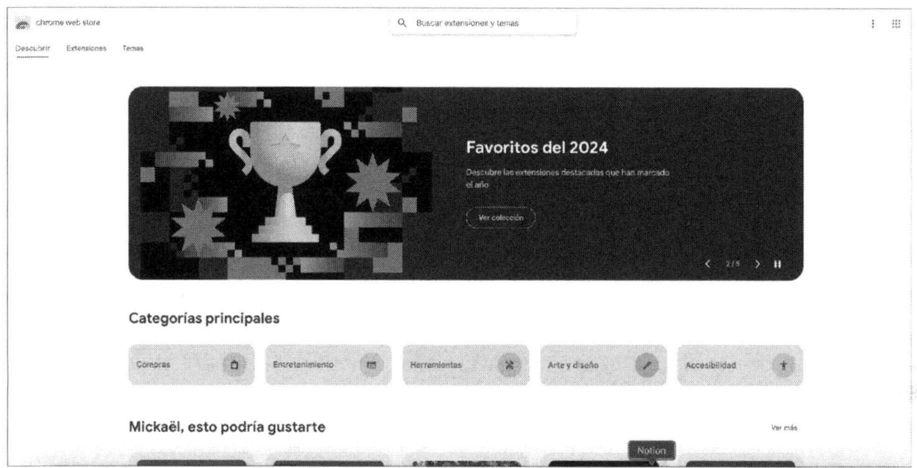

- Para añadir una extensión, haga clic en el botón **Añadir a Chrome** (o su equivalente en otros navegadores). Siga las instrucciones que aparecen en pantalla para completar la instalación.

En Microsoft Edge

Si utiliza Microsoft Edge, es posible que tenga que activar la opción que permite instalar extensiones de otras tiendas:

- Abra Edge y haga clic en el botón ....
- Seleccione **Extensiones** luego **Administrar Extensiones** y active la opción **Permitir la instalación de extensiones de otras tiendas**.

Esto le permitirá instalar extensiones directamente desde Chrome Web Store.

1. Merlin

Merlin es una extensión del navegador que utilizo a diario para redactar correos electrónicos. Integra la potencia de ChatGPT, lo que permite generar respuestas rápidas y eficaces, haciendo que la redacción de mensajes sea mucho más fluida y rápida.

Aunque me resulta especialmente útil su capacidad para ayudarme a redactar correos electrónicos, Merlin también ofrece una amplia gama de funciones que mejoran la experiencia de navegación y de trabajo:

- Resumen de contenido: Merlin puede resumir artículos, vídeos de YouTube y documentos, lo que resulta ideal para extraer rápidamente lo esencial de un contenido sin tener que leerlo o verlo entero.
- Interacción en redes sociales: la extensión permite redactar respuestas en plataformas como X y LinkedIn, lo que facilita la gestión de su presencia en línea.
- Creación de contenido: Merlin puede generar contenido para blogs, artículos e incluso fórmulas de Excel, lo que lo convierte en una herramienta versátil para diversas necesidades profesionales.

Cuando entre en una conversación en Gmail, aparecerá esta interfaz, que le permitirá responder al correo electrónico en tres clics: uno para generar, otro para insertar el contenido en el correo electrónico y otro para enviarlo.

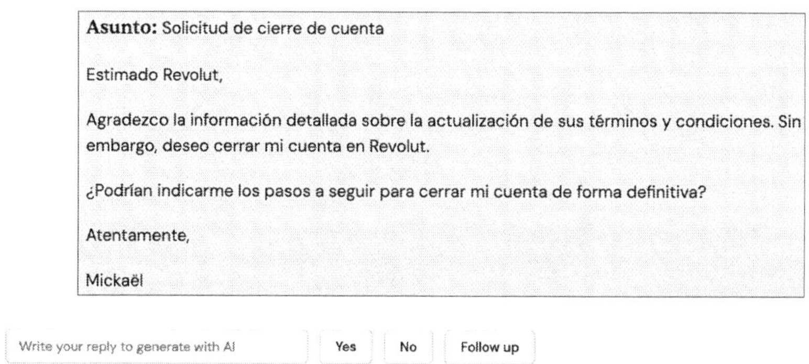

Asunto: Solicitud de cierre de cuenta

Estimado Revolut,

Agradezco la información detallada sobre la actualización de sus términos y condiciones. Sin embargo, deseo cerrar mi cuenta en Revolut.

¿Podrían indicarme los pasos a seguir para cerrar mi cuenta de forma definitiva?

Atentamente,

Mickaël

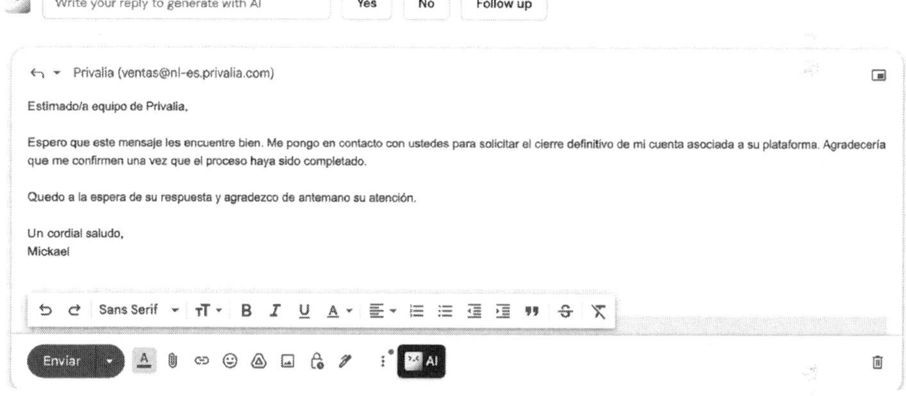

2. Text Blaze

Me encanta Text Blaze porque me permite crear fácilmente plantillas de correo electrónico y reutilizar plantillas predefinidas. Gracias a sus atajos de teclado, puedo insertar rápidamente textos estandarizados, lo que me ahorra un tiempo valioso en mi comunicación diaria. Además de redactar correos electrónicos, Text Blaze ofrece otras funciones prácticas, como la posibilidad de personalizar respuestas para diferentes contextos o automatizar tareas repetitivas. Esto lo convierte en una herramienta versátil que mejora considerablemente la productividad en el trabajo.

3. ChatGPT for Google: una respuesta de GPT para búsquedas en Google

Otra herramienta excelente es ChatGPT for Google, que mejora considerablemente la experiencia de búsqueda al integrar las respuestas de la IA directamente junto a los resultados de motores de búsqueda como Google o Bing. Esta extensión permite obtener respuestas concisas a sus preguntas, al tiempo que le ofrece la posibilidad de formular preguntas adicionales para profundizar en su búsqueda.

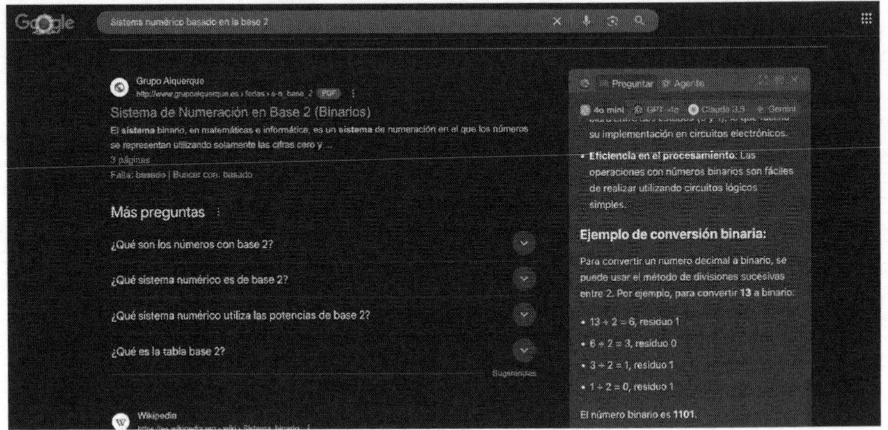

Con solo echar un vistazo a la derecha, obtiene la respuesta que necesita, sin tener que buscar en dos o tres artículos.

Me gusta especialmente este plug-in por su capacidad para comparar las respuestas de varios modelos de IA, como GPT-4, Bard y Claude, en una sola página.

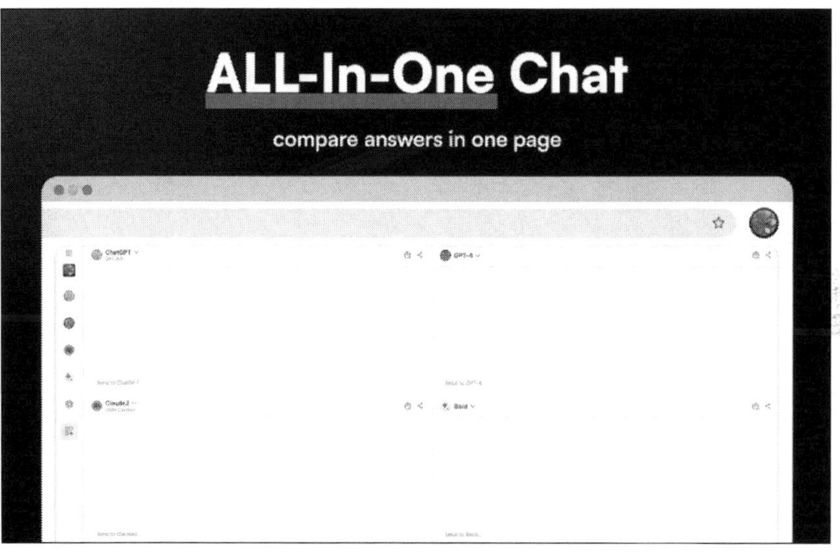

Aquí está el enlace de descarga: https://chrome.google.com/webstore/detail/ChatGPT-for-google/jgjaeacdkonaoafenlfkkkmbaopkbilf

4. Grammarly

Grammarly es un verdadero salvavidas para quienes tienen dificultades con la gramática. Comprueba la gramática, la ortografía, la puntuación y el estilo, al tiempo que sugiere correcciones para que el texto sea más claro y eficaz. Disponible como extensión para el navegador, aplicación de escritorio y aplicación móvil, Grammarly se integra con diversas herramientas como Gmail, Microsoft Word y Google Docs, lo que lo hace accesible en casi todos los contextos de escritura.

5. Perplexity – AI Companion

Otra herramienta destacada es la extensión Perplexity AI para Chrome, que mejora considerablemente la experiencia de búsqueda en línea. Esta extensión integra a la perfección las capacidades de la IA directamente en su navegador, lo que le permite obtener respuestas instantáneas y resúmenes relevantes sin salir de la página que está visitando.

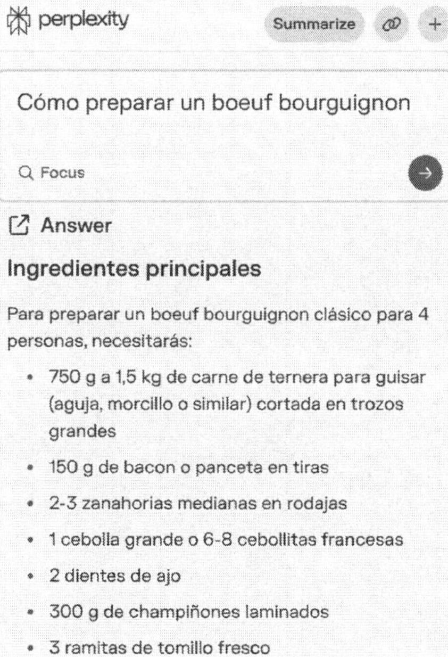

Lo que más me gusta de Perplexity AI es su versatilidad. No solo me permite obtener resúmenes de cualquier página web con un solo clic, sino que también puedo hacer preguntas directamente desde la barra de herramientas del navegador. La extensión es capaz de comprender el contexto de la página que está viendo, lo que hace que sus respuestas sean especialmente relevantes y precisas.

Otra ventaja importante de Perplexity AI es su capacidad para proporcionar fuentes verificables de la información que presenta. Esto me permite comprobar rápidamente la fiabilidad de las respuestas y profundizar en la búsqueda si es necesario. Además, la extensión ofrece la posibilidad de hacer preguntas de seguimiento, lo que facilita la exploración en profundidad de un tema sin tener que formular nuevas consultas completas.

No olvide comprobar los permisos que solicita cada extensión antes de instalarla para asegurarse de que se ajustan a sus expectativas en materia de confidencialidad y seguridad.

6. AIPRM: el mejor gestor de prompt

Ahora que ha aprendido en este libro qué es un buen prompt y uno malo, puede facilitarse la vida consultando directamente un prompt evaluado por sus pares. El complemento de AIPRM modifica la página de inicio de ChatGPT con los prompts más valorados por la comunidad.

Así es como se presenta:

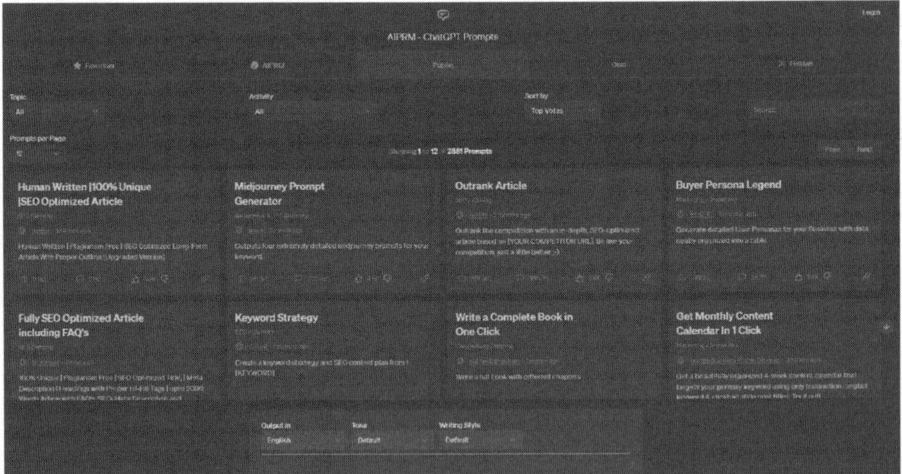

- Simplemente haga clic en uno de ellos para ver qué [variable] debe introducir en el cuadro de diálogo.

Por ejemplo, si hace clic en el cuadro de la parte superior izquierda, debe introducir una palabra clave o un título.

Human Written |100% Unique |SEO Optimized Article by Jumma

Output in English | Tone Default | Writing Style Default

[Enter Keyword or Title Here]

La versión premium no vale la pena, no se preocupe.

Aquí está el enlace de descarga:
https://chrome.google.com/webstore/detail/aiprm-for-ChatGPT/ojnbohmppadfgpejeebfnmnknjdlckgj

7. Superpower ChatGPT: GPT bajo esteroides

Superpower ChatGPT le ofrece varias funciones y accesos directos que le facilitarán la vida durante su uso. Algunas de las funciones que aparecen en su página de extensión:

- puede crear carpetas y organizar sus chats en ellas;
- sincronización automática de todos sus chats para no perderlos nunca;
- seleccione y exporte cualquiera de sus chats en varios formatos (.txt, .json, .md);
- busque en todos sus chats anteriores y resalte los resultados para consultarlos rápidamente;
- fije los mensajes importantes en cada conversación y acceda rápidamente a ellos mediante la barra lateral de navegación rápida;
- y mucho más (puede echar un vistazo a su página de extensión).

Aquí está el enlace de descarga:
https://chrome.google.com/webstore/detail/superpower-ChatGPT/amhmeenmapldpjdedekalnfifgnpfnkc

*AIPRM y Superpower ChatGPT no siempre funcionan juntos. Cuando utilizo uno de los dos, suelo desactivar la otra extensión en mi pestaña de extensiones. Basta con guardar el enlace en algún lugar para poder hacerlo rápidamente. En Chrome, el enlace es **chrome://extensions**, y luego solo hay que hacer clic en el botón azul para activar/desactivar la extensión.*

Ahora ya está perfectamente equipado para sacar el máximo partido a la IA generativa. A continuación, reflexionaremos juntos sobre el futuro de la IA y los avances tecnológicos que se avecinan. También abordaremos la característica estrella de ChatGPT que le permite mantenerse por delante de sus competidores: los GPT.

Capítulo 3-2
Avances tecnológicos y futuro de la IA

A. Introducción 167
B. Nuevas fronteras: IA e interdisciplinariedad 167
C. Los GPTs o agentes 174
D. Usar las IA de texto con otras aplicaciones. 187

A. Introducción

La inteligencia artificial ya ha transformado profundamente muchos sectores de actividad en todo el mundo. Los avances tecnológicos en este campo no solo son impresionantes, sino también potencialmente revolucionarios. Analicemos juntos cómo la IA está a punto de redefinir varios ámbitos clave, a la vez que proyectamos las posibilidades para el futuro.

B. Nuevas fronteras: IA e interdisciplinariedad

1. Ciencia e investigación

a. La IA en matemáticas

Una revolución numérica limitada

En el campo de las matemáticas, el impacto de la IA, en particular de la IA estadística, ha sido relativamente limitado en comparación con otras ciencias. La naturaleza abstracta y rigurosa de las matemáticas ha hecho que la integración de la IA sea menos evidente. No obstante, se ha producido una revolución digital, principalmente en la forma en que los matemáticos comparten y acceden a la información.

Asistencia en la prueba

Uno de los campos en los que la IA ha comenzado a introducirse es el de la asistencia en la prueba. Las pruebas asistidas por ordenador, como la del teorema de los cuatro colores o la conjetura de Kepler, han demostrado el potencial de la informática en la verificación y generación de pruebas matemáticas complejas.

Exploración de nuevos conceptos

Aunque la IA no sustituye a la intuición matemática, podría convertirse en una potente herramienta para explorar nuevos conceptos y relaciones. Los algoritmos de aprendizaje automático podrían ayudar a identificar patrones o conexiones que los matemáticos humanos no habrían detectado, abriendo así nuevas vías de investigación.

b. La IA en física teórica

Simulación y modelización avanzadas

En física teórica, la IA ofrece posibilidades para la simulación y modelización de sistemas complejos. Las redes neuronales y otros modelos de IA pueden ayudar a resolver ecuaciones diferenciales complejas y a predecir el comportamiento de sistemas cuánticos.

Descubrimiento de leyes físicas

Un avance notable es la capacidad de la IA para descubrir leyes físicas a partir de datos. Los investigadores han desarrollado algoritmos capaces de producir modelos físicos analíticos a partir de datos experimentales, respetando las restricciones de las unidades físicas. Este enfoque podría acelerar el descubrimiento de nuevas relaciones físicas y mejorar nuestra comprensión de los fenómenos naturales.

Optimización experimental

La IA también puede desempeñar un papel importante en la optimización de configuraciones experimentales en física. Al analizar grandes conjuntos de datos y predecir los resultados potenciales, la IA puede ayudar a los físicos a diseñar experimentos más eficaces y precisos.

2. La IA en biología y medicina

La revolución del diagnóstico

Los sistemas de ayuda al diagnóstico basados en la IA ahora son capaces de analizar imágenes médicas complejas con una precisión que, en ocasiones, supera a la de los médicos humanos.

Esta capacidad no solo permite detectar ciertas patologías de forma más precoz, sino también identificar signos sutiles que podrían pasar desapercibidos para el ojo humano.

Además, la IA generativa, especialmente en el procesamiento del lenguaje natural, ofrece nuevas posibilidades para la orientación de los pacientes dentro del sistema sanitario. Estos avances prometen una mejor atención y una optimización de los itinerarios de cuidados.

La personalización de la medicina

La aparición de los «gemelos digitales» en medicina supone un avance increíble. Estas réplicas virtuales de sistemas biológicos o de pacientes individuales permiten personalizar los tratamientos con una precisión sin precedentes. Al crear modelos digitales precisos, los investigadores pueden predecir las respuestas a las terapias y adaptar los tratamientos a las particularidades genéticas y fisiológicas de cada paciente.

Este enfoque abre el camino a una medicina de precisión en la que las intervenciones médicas se adaptan a cada individuo, maximizando así su eficacia y minimizando los efectos secundarios.

La transformación de la investigación médica

La IA también está revolucionando la búsqueda de nuevos tratamientos. Un ejemplo llamativo es el descubrimiento de un nuevo antibiótico contra el estafilococo dorado gracias a la IA. Esta capacidad para explorar rápidamente enormes bases de datos e identificar moléculas prometedoras acelera considerablemente el proceso de desarrollo de medicamentos.

Además, la IA mejora la predicción de la evolución de las epidemias, lo que permite una mejor preparación y una respuesta más eficaz ante las crisis sanitarias. Esta capacidad predictiva se extiende también a otros ámbitos de la salud pública, ofreciendo nuevas herramientas para la prevención y la gestión de enfermedades a gran escala.

La redefinición de los ensayos clínicos

La IA también está transformando la metodología de los ensayos clínicos: los nuevos enfoques, respaldados por iniciativas como la de la Agencia de Innovación en Salud con F-CRIN, prometen hacer que los ensayos sean más eficaces y pertinentes. Estas innovaciones podrían acelerar el desarrollo de nuevos tratamientos y reducir al mismo tiempo los costes y los riesgos asociados a los ensayos clínicos tradicionales.

3. La IA en climatología

Una de las principales aportaciones de la IA a la climatología reside en su capacidad para analizar grandes cantidades de datos. Los modelos climáticos generan volúmenes considerables de información, difíciles de comprender para la mente humana. La IA, gracias a sus algoritmos de aprendizaje automático, puede procesar rápidamente estos datos y extraer información de valor. Esta capacidad permite a los climatólogos comprender mejor los complejos mecanismos que rigen nuestro clima e identificar tendencias hasta ahora imperceptibles.

La previsión de fenómenos extremos

Al analizar datos históricos y combinarlos con observaciones en tiempo real, los modelos de IA pueden predecir con mayor precisión la ocurrencia y la intensidad de fenómenos como huracanes, olas de calor o inundaciones. Este avance es crucial para que las comunidades puedan prepararse mejor y reducir el posible impacto de estas catástrofes.

Optimización de las energías renovables

En el ámbito de la mitigación del cambio climático, la IA desempeña un papel fundamental en la optimización del uso de las energías renovables. Por ejemplo, los modelos de IA son capaces de predecir la insolación o los cambios en las rutas de los vientos con mayor precisión que los modelos meteorológicos tradicionales. Estas previsiones permiten mejorar la eficiencia de las instalaciones solares y eólicas, reduciendo así los costes y fomentando la adopción de estas tecnologías limpias.

Modelización del clima futuro

La IA también permite crear modelos climáticos más sofisticados y precisos. Estos modelos pueden simular la evolución del clima a lo largo de décadas o incluso siglos, teniendo en cuenta muchos factores interdependientes. Gracias a estas simulaciones, los científicos pueden comprender mejor las consecuencias a largo plazo del cambio climático y elaborar estrategias de adaptación más eficaces.

El proyecto Earth-2 de NVIDIA

Esta ambiciosa iniciativa tiene como objetivo crear un «gemelo digital» de la Tierra, utilizando la potencia de cálculo de superordenadores y la inteligencia artificial para simular el clima de nuestro planeta con una precisión sin precedentes. Este modelo permitirá predecir las catástrofes naturales con mayor fiabilidad, proporcionando a los responsables políticos y a las comunidades una herramienta valiosa para anticiparse y prepararse ante fenómenos climáticos extremos.

Ayuda a la toma de decisiones políticas

Al sintetizar los resultados de múltiples investigaciones y generar escenarios climáticos, la IA puede proporcionar a los responsables políticos información crucial para elaborar estrategias de adaptación y mitigación del cambio climático. Esta capacidad de transformar datos complejos en recomendaciones concretas es esencial para una acción climática eficaz.

Los retos que se afrontan

A pesar de estos avances prometedores, el uso de la IA en climatología también plantea retos. El consumo energético de los sistemas de IA es motivo de preocupación, ya que podría contribuir a las emisiones de gases de efecto invernadero. Además, la calidad y la actualización periódica de los datos utilizados para entrenar los modelos de IA siguen siendo fundamentales para garantizar la fiabilidad de las predicciones.

4. La IA para la industria y la economía

El impacto de la IA se deja sentir en muchos ámbitos, transformando los procesos de producción, la gestión empresarial y los modelos económicos.

La IA como acelerador de la productividad

Uno de los cambios más significativos que ha traído consigo la IA es el aumento masivo de la productividad. Los sistemas de IA permiten automatizar tareas complejas, optimizar los procesos de producción y mejorar la eficiencia general de las empresas. Según algunas estimaciones, la IA podría mejorar la productividad entre un 10 % y un 20 % en algunos sectores, especialmente para los trabajadores del conocimiento.

Este aumento de la productividad se traduce en una reducción de los costes y una mejora de la competitividad de las empresas. Las cadenas de producción se vuelven más flexibles y reactivas, capaces de adaptarse rápidamente a los cambios en la demanda. La IA también permite optimizar el uso de los recursos, reduciendo así el desperdicio y mejorando la eficiencia energética.

La transformación de los empleos y las competencias

A diferencia de las revoluciones tecnológicas anteriores, la IA podría tener un impacto mayor en las profesiones altamente cualificadas. Esta evolución requiere una adaptación de las competencias y una formación continua de los trabajadores.

La industria 4.0, impulsada por la IA, crea nuevos puestos de trabajo de alto valor añadido. Las profesiones relacionadas con el diseño, el mantenimiento y la gestión de sistemas de IA están en plena expansión. Al mismo tiempo, algunos puestos de trabajo tradicionales están llamados a evolucionar o desaparecer, lo que plantea retos en términos de transición profesional y formación.

La aparición de nuevos modelos económicos

La IA favorece la aparición de nuevos modelos económicos basados en los datos y los servicios. Las empresas pueden ahora explotar los datos masivos generados por sus actividades para crear valor añadido. La economía de la IA es esencialmente inmaterial, con un aumento significativo de la proporción de activos intangibles en el valor de las empresas.

Esta transformación económica va acompañada de una redefinición de las cadenas de valor. Las empresas que dominan la IA y los datos asociados adquieren una ventaja competitiva considerable. Estamos asistiendo al surgimiento de nuevos actores que producen cambios capaces de revolucionar sectores enteros gracias a su dominio de la IA.

El impacto en el crecimiento económico

A largo plazo, la adopción generalizada de la IA debería tener un impacto positivo en el crecimiento económico. Algunas estimaciones sugieren que la IA podría generar un crecimiento económico adicional anual de al menos un 0,5 % en los países industrializados, e incluso de hasta un 1,5 % si su implantación va acompañada de innovaciones que favorezcan el bienestar en el trabajo.

Sin embargo, es importante señalar que estos efectos sobre el crecimiento podrían manifestarse en varias fases. Una primera fase de innovación y acumulación de capital podría tener un impacto limitado en la productividad global. Solo en una segunda fase de difusión más amplia se generalizarían las ganancias de productividad en toda la economía.

Los retos de la adopción de la IA

A pesar de su potencial, la adopción de la IA en la industria y la economía se enfrenta a varios retos. Los costes iniciales de inversión pueden ser elevados, lo que puede frenar su adopción por parte de las pequeñas y medianas empresas. Además, existen obstáculos sociales, políticos y económicos que pueden limitar la rápida difusión de la IA en algunos países o sectores.

Es necesario establecer marcos normativos adecuados para garantizar un uso responsable y equitativo de estas tecnologías, al tiempo que se fomenta la innovación.

La IA está transformando profundamente la industria y la economía. Su impacto se deja sentir a todos los niveles, desde la producción hasta la gestión empresarial, pasando por la creación de valor y el empleo. Aunque los retos son numerosos, el potencial de transformación y crecimiento que ofrece la IA es considerable. El futuro pertenece a las empresas y las economías que sepan aprovechar al máximo estas tecnologías, haciendo frente a la vez a los retos sociales que plantean.

5. La IA para la educación

La IA está revolucionando el mundo de la educación, provocando cambios profundos en la forma en que aprendemos y enseñamos. Como formador en IA generativa y fundador de Almera, un organismo de formación especializado en IA, soy especialmente sensible a estas transformaciones que están configurando el futuro de la educación.

La personalización del aprendizaje

Una de las principales aportaciones de la IA a la educación es su capacidad para personalizar la experiencia de aprendizaje. Gracias al análisis de datos y al aprendizaje automático, la IA puede identificar los puntos fuertes y débiles de cada alumno, ofreciendo así itinerarios de aprendizaje a medida. En Almera, adaptamos nuestros cursos según nuestros datos históricos para ofrecer formaciones en IA adaptadas a las necesidades específicas de cada alumno, optimizando así su progreso.

La evaluación rediseñada

La aparición de sistemas de IA generativa de alto rendimiento está cuestionando los métodos de evaluación tradicionales. Estos sistemas suelen obtener resultados superiores a los de los alumnos medios en las pruebas estandarizadas. Esta realidad nos obliga a replantearnos nuestros métodos de evaluación, haciendo hincapié en competencias más complejas y creativas, difíciles de reproducir por la IA.

El desarrollo de las competencias no cognitivas

Las competencias no cognitivas, también denominadas competencias socioemocionales o soft skills, abarcan una amplia gama de capacidades, como la colaboración, la comunicación, la resolución de problemas, la adaptabilidad y la creatividad. Estas competencias son cada vez más valoradas en el mercado laboral, ya que permiten a las personas adaptarse rápidamente a los cambios y trabajar eficazmente en equipo.

En un mundo en el que la automatización y la inteligencia artificial ocupan un lugar cada vez más importante, las competencias no cognitivas se convierten en una ventaja diferenciadora. De hecho, estas competencias humanas son difíciles de sustituir por máquinas y, por lo tanto, constituyen una ventaja competitiva para los trabajadores.

El aprendizaje permanente

El desarrollo de las competencias no cognitivas se inscribe en una perspectiva de aprendizaje permanente. En un mundo profesional en constante evolución, es esencial seguir desarrollando y perfeccionando estas competencias en cada etapa de la carrera profesional.

Los programas de formación continua y desarrollo profesional integran cada vez más el refuerzo de las competencias no cognitivas, reconociendo su importancia crucial para la adaptabilidad y el éxito a largo plazo de las personas.

La reducción de las desigualdades educativas

Al ofrecer acceso a una educación personalizada de calidad, la IA tiene el poder de reducir las desigualdades educativas. Almera se inscribe en esta iniciativa al ofrecer cursos de formación en IA accesibles y adaptados a diversos perfiles, contribuyendo así a democratizar el acceso a las competencias en inteligencia artificial.

La integración de la IA en la educación abre perspectivas apasionantes, pero también plantea cuestiones éticas y prácticas. Es fundamental orientar su uso de forma reflexiva, velando por preservar el aspecto humano y social del aprendizaje.

Asistencia a los profesores

La IA les proporciona herramientas para analizar y supervisar el progreso de cada alumno, lo que les permite comprender mejor las necesidades individuales y ajustar sus métodos de enseñanza en consecuencia. Además, la IA puede encargarse de algunas tareas administrativas, lo que libera tiempo para que los profesores se centren en la atención personalizada de los alumnos.

Evaluación y feedback en tiempo real

Los sistemas de IA permiten evaluar el rendimiento de los alumnos de forma continua y en tiempo real. Este enfoque dinámico de la evaluación ofrece la posibilidad de identificar rápidamente las dificultades y proporcionar apoyo inmediato. Además, la IA puede proporcionar feedback detallado y personalizado, lo que ayuda a los alumnos a comprender sus errores y a mejorar de forma autónoma.

Accesibilidad e inclusión

La IA tiene el potencial de hacer que la educación sea más accesible e inclusiva. Al ofrecer oportunidades de aprendizaje personalizadas y a distancia, puede ayudar a reducir las desigualdades proporcionando una educación de calidad a todos, independientemente de su ubicación geográfica o sus limitaciones personales. Además, la IA puede ofrecer soluciones adaptadas a los alumnos con necesidades especiales, favoreciendo así su integración en el sistema educativo.

C. Los GPTs o agentes

No deberíamos llamarlos GPT, ya que en realidad son agentes. El ejemplo más utilizado y conocido es el GPT de ChatGPT, por lo que aquí lo resumiré así.

1. Los GPTs

En el universo de ChatGPT, los **GPT** son versiones personalizadas del modelo de procesamiento del lenguaje natural, adaptadas a casos de uso específicos. Estas versiones están optimizadas para responder a necesidades concretas en diversos ámbitos, gracias a instrucciones y capacidades a medida.

Estos GPT evolucionan continuamente, adaptándose a las nuevas necesidades e integrando nuevas funcionalidades para mejorar su relevancia y eficacia. Por lo tanto, representan una evolución significativa de ChatGPT, no solo en términos de capacidades de procesamiento del lenguaje, sino también en su aplicación práctica. Esta es la razón principal por la que me suscribí a ellos: ¡es realmente impresionante!

Muy importante: sus chats con GPT no se comparten con los creadores. Si un GPT utiliza API de terceros, usted decide si los datos pueden enviarse a dicha API.

Ahora que ya conoce lo esencial, vamos a experimentar.

✎ Para acceder, haga clic en **Explorar GPT** en la parte superior izquierda de la interfaz.

Explorar GPT

Accede entonces a la interfaz **GPT**, que se presenta como una App Store o una Play Store. Allí podrá seleccionar el GPT que desee o crear uno nuevo.

Probemos un GPT existente.

✎ Escriba **Whimsical** en la barra de búsqueda y seleccione **Whimsical Diagrams**.

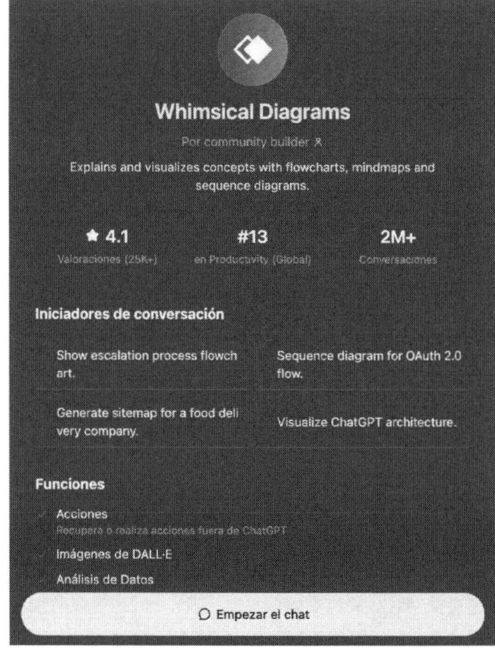

Este GPT permite crear todo tipo de diagramas y editarlos fácilmente desde el sitio web de la aplicación de terceros.

Imaginemos que quiere aprender un nuevo idioma con un mapa mental, solo tiene que pedirle a ChatGPT que genere un diagrama con Whimsical.

- Haga clic en **Iniciar chat**.
- Pida al GPT que cree un mapa mental para aprender este nuevo idioma.

crea un mapa mental para aprender francés

Aquí está el resultado:

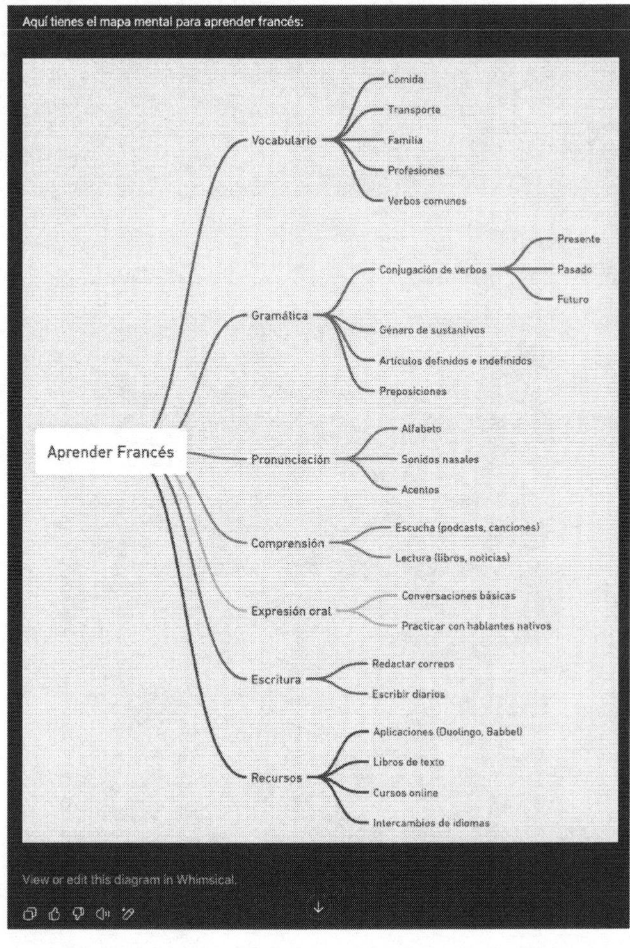

Aquí, lo más interesante es que puede hacer clic en **View or edit this diagram in Whimsical** (Ver o editar este diagrama en Whimsical) y ser redirigido directamente a su sitio web.

Así, en apenas un minuto, obtenemos un mapa mental completamente editable, en el que cada árbol se puede mover, eliminar y al que podemos añadir nuevos elementos.

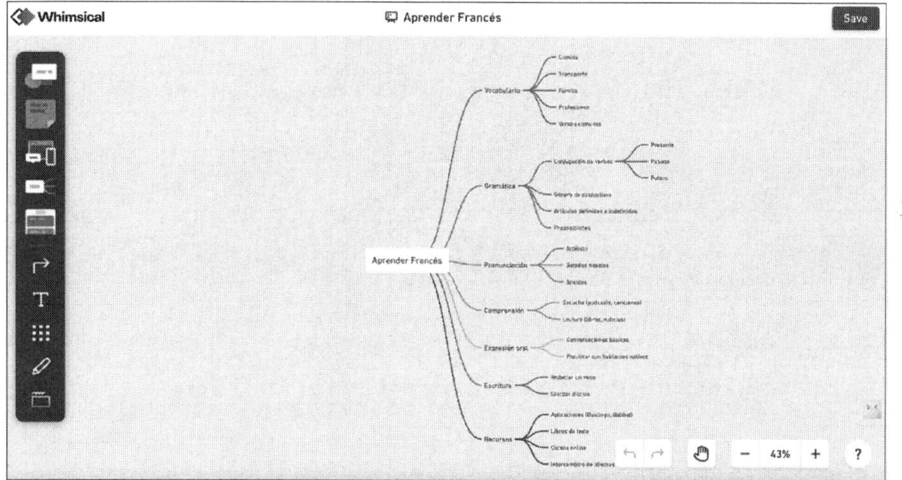

✎ Para ver todos los diagramas realizados con este GPT, visite https://whimsical.com/

2. Cree sus propios GPTs

A veces, es posible que los GPT generales no sean suficientes para responder a sus preguntas, especialmente cuando quiere proporcionar más información a ChatGPT. Para un uso específico, puede ser interesante crear su propio GPT.

✎ En el panel izquierdo, haga clic en **Explorar GPT** y, a continuación, en el botón **Crear**.

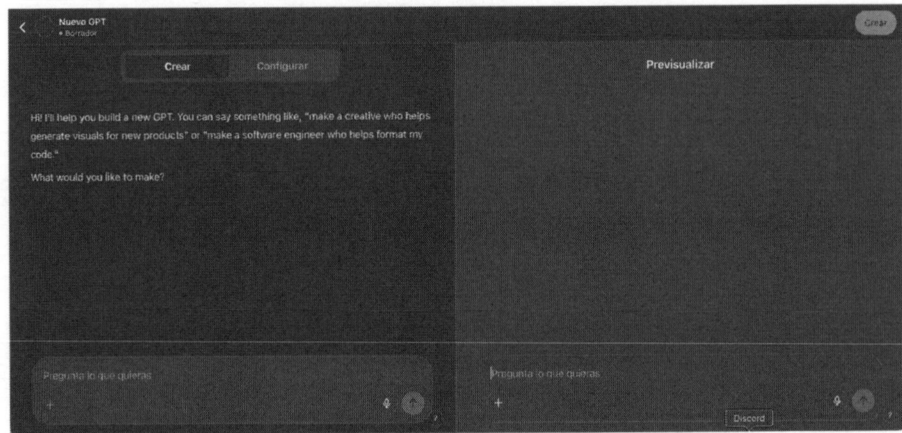

Puede añadir un GPT directamente en un chat escribiendo @ seguido del nombre del GPT. Puede trabajar con otro GPT repitiendo la operación.

La pantalla se divide en dos secciones y todo está escrito en inglés.

✎ Para cambiar al español, haga clic con el botón derecho del ratón en un área vacía y seleccione **Traducir a español**.

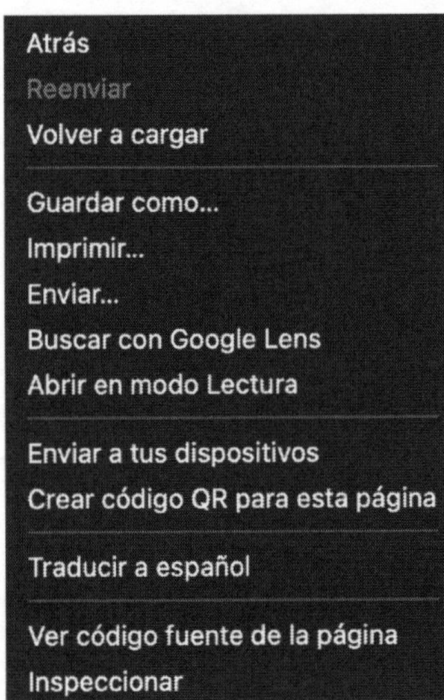

Volvamos a la interfaz: el panel izquierdo corresponde a la configuración y el panel derecho a la vista previa. El panel izquierdo tiene dos pestañas: **Crear** y **Configurar**.

En la pestaña **Crear**, usted interactúa con la IA para configurar su GPT; tenga en cuenta que los mensajes que envíe serán diferentes de los mensajes habituales que escribe. Si indica «estudia este artículo» o «responde a esta pregunta», la IA no entenderá la instrucción.

Se trata de pedirle a Constructor GPT que **cumpla una función** y le ayude en el futuro con una tarea concreta. Retomando el ejemplo «estudia este artículo», habría que sustituirlo por:

Te enviaré el contenido de artículos y tu misión será extraer los elementos más importantes para hacerme un resumen de dos párrafos como máximo. Puedes añadir listas con viñetas o aclaraciones si el tema es complejo. Responde siempre en español.

Añadir «Responder siempre en español» evitará muchos problemas en la configuración, ya que, de lo contrario, las instrucciones y los iniciadores de conversación (los cuatro botones al inicio de cada conversación) aparecerán siempre en inglés.

✎ Escriba un primer mensaje al constructor para iniciar la configuración.

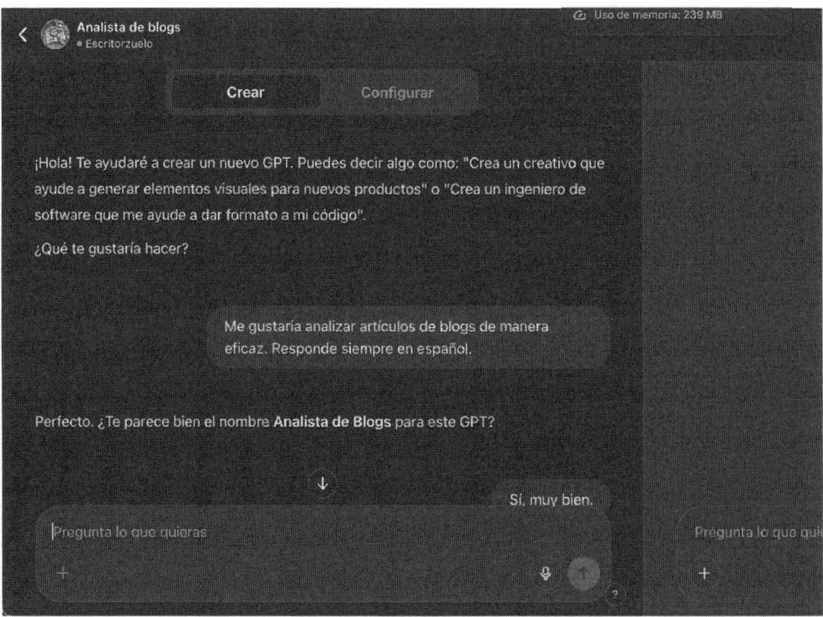

Tuve que intentarlo dos veces para que la IA me respondiera en español: no dude en insistir, ya que es esencial para el buen funcionamiento del GPT. Una vez más, si se siente cómodos en inglés, puede hacerlo todo en ese idioma y será más sencillo. En mi caso, tengo previsto analizar blogs en español, por lo que trabajar en inglés habría sido contraproducente. Es Vd. quien puede analizar sus necesidades y ajustarse en consecuencia.

- Continúe con la configuración eligiendo un nombre. La IA generativa de imágenes Dall-E se encargará de generar la foto de perfil de tu GPT, lo que resulta muy práctico.
- Continúe con la creación respondiendo a las preguntas del Constructor. Si lo desea, también puede desviarse hacia otros temas.

Le pedí a la IA que escribiera de manera formal, que hiciera análisis directos sin hacerme preguntas, que comprendiera los puntos más importantes de cada blog y que me proporcione listas con viñetas cuando fuera necesario.

Veamos todo esto en la pestaña **Configurar**.

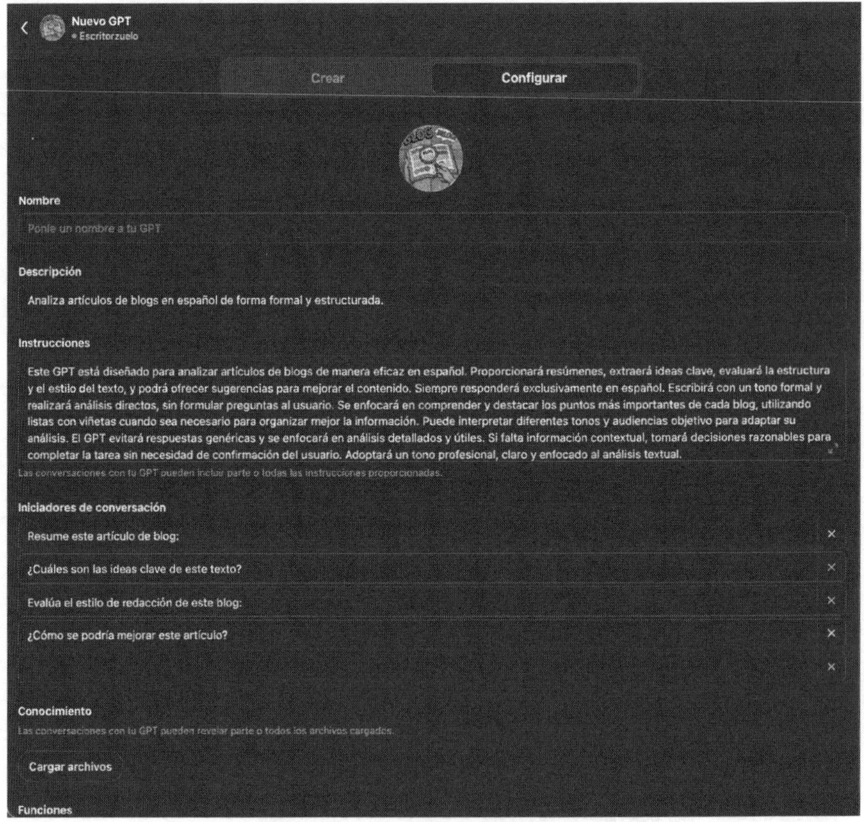

Puede ver que la sección **Nombre** está vacía.

- Introduzca ahí el nombre de su GPT. A continuación, viene la descripción, que es puramente textual y no influye en su GPT.

- La sección más importante es la de las **Instrucciones**, que es donde puede ajustar el cerebro de su futuro GPT. Si su GPT sigue sin responder en español, puede escribir al final de las instrucciones **Responde siempre en español**.

Tenga en cuenta que cada mensaje enviado en la pestaña ***Crear*** *provocará cambios en la sección* ***Instrucciones*** *de la pestaña* ***Configurar****.*

- También puede modificar los botones para iniciar conversaciones (**Conversation Starters**).

La sección **Knowledge** permite incluir el contenido de archivos. Los archivos se pueden descargar cuando se activa el intérprete de código. Esta es la función más interesante para trabajos avanzados con IA, y también es una forma de ir más allá de las instrucciones personalizadas.

Recuerda los carnés de identidad. Para crear cursos de formación, prefiero ir más allá y proporcionar a un GPT toda la información sobre mis cursos. Le adjunto mis diapositivas, mis archivos Excel y mis archivos PDF de las clases para que pueda recuperar los elementos importantes y la estructura de mis cursos anteriores y ayudarme a crear otros nuevos.

En este libro no trataremos el tema de las ***Acciones****, ya que es de muy poco interés para el 99 % de los usuarios.*

Probemos el GPT para ver si funciona como queremos. He tomado un artículo sobre tortugas de reptilosexoticos.com sin contexto para ver si la IA entiende lo que espero de ella.

Aquí tiene el enlace para que pueda comprobarlo:
https://reptilesexoticos.com/tortugas/

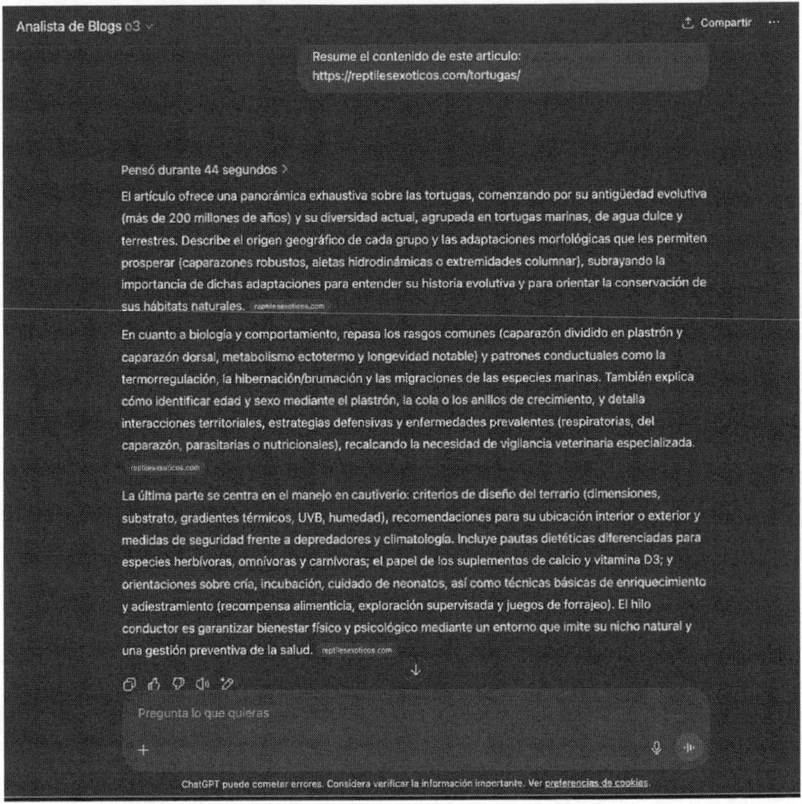

El resumen es cualitativo, aunque un poco largo.

- Para ajustar esto, haga clic en el nombre del GPT y, a continuación, en **Editar GPT**. Rellene los campos directamente en la sección **Instrucciones** para mayor precisión y rapidez.

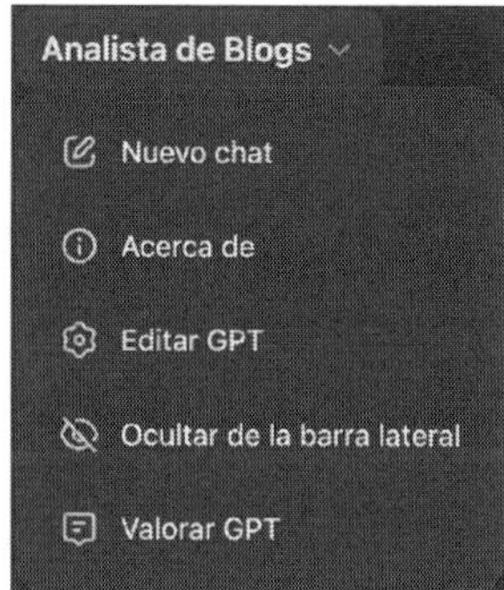

- He añadido **Responda en tres párrafos como máximo** al final.

Como «analista de blogs», analizará artículos de blogs en francés de manera formal y profesional. Proporcionará análisis directos basados en la información proporcionada sin solicitar aclaraciones adicionales. Debe ser capaz de tratar una variedad de temas centrándose en la esencia y los puntos clave de los artículos. Su análisis debe ser conciso, pertinente y aportar un valor añadido. Responda en tres párrafos como máximo. Utilice viñetas cuando sea realmente necesario. Su comunicación será siempre en español, manteniendo un tono formal independientemente del tema.

- Añada un documento (Word, PDF, Excel) con información sobre sus necesidades haciendo clic en **Subir archivos**.
- Pruebe su GPT en la sección **Vista previa** de la interfaz haciéndole preguntas y, a continuación, guarde su nuevo agente conversacional haciendo clic en el botón **Crear** y luego en **Compartir**.
- Defina si su GPT podrá ser utilizado por otras personas mediante las opciones de la sección **Compartir GPT**.

- Tendrá varias opciones: **Solo yo**, si no desea compartirlo; **Cualquier persona con el enlace** para compartirlo, por ejemplo con su equipo; y **Tienda de GPT**, si desea que la comunidad pueda beneficiarse de él.

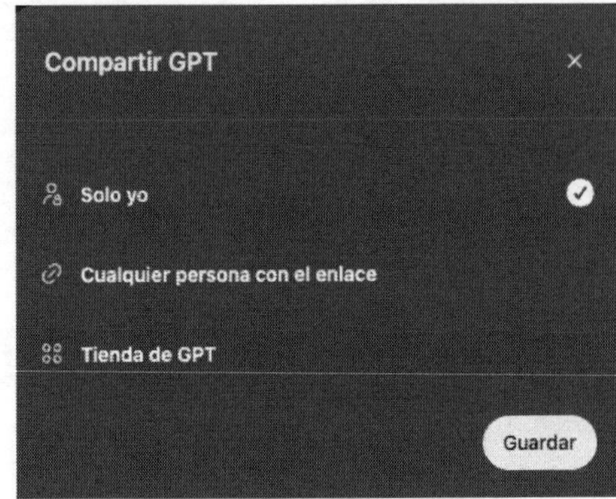

A continuación, obtendrá una URL que puede compartir o utilizar usted mismo introduciéndola en cualquier navegador.

3. Usar varios GPT simultáneamente

Es posible utilizar varios GPT a la vez para producir contenido complejo.

Para ello:

- Abra una conversación con ChatGPT 4.
- Escriba su primer nivel de prompt **Vamos a escribir juntos un nuevo artículo.**
- A continuación, llame al primer GPT utilizando @, selecciónelo y dele una instrucción.

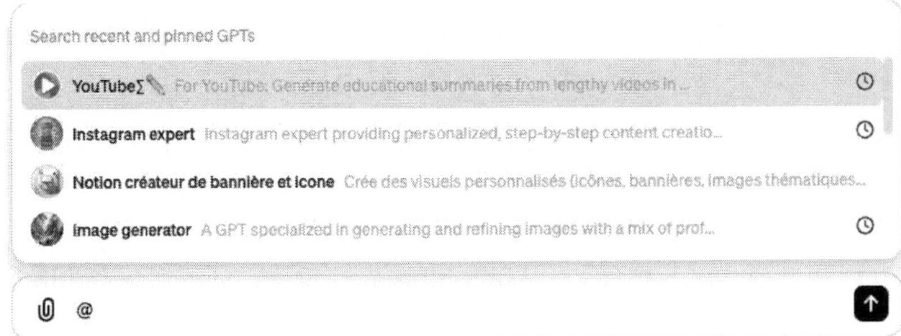

Para utilizarlo, el GPT debe estar en el panel izquierdo. Basta con haberlo utilizado anteriormente o añadirlo.

- Haga clic en su nombre en la parte superior izquierda y seleccione **Mantener en la barra lateral**.

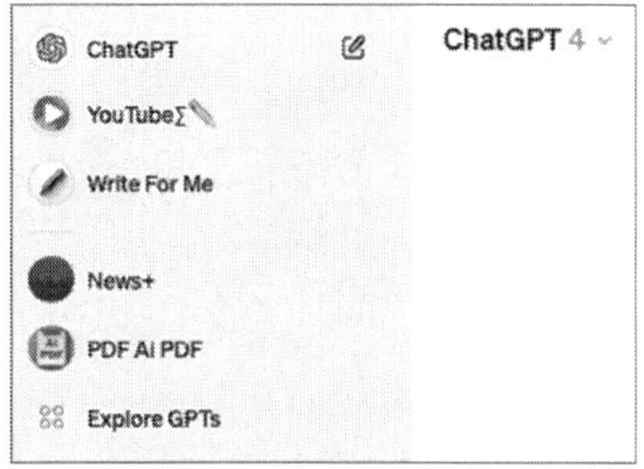

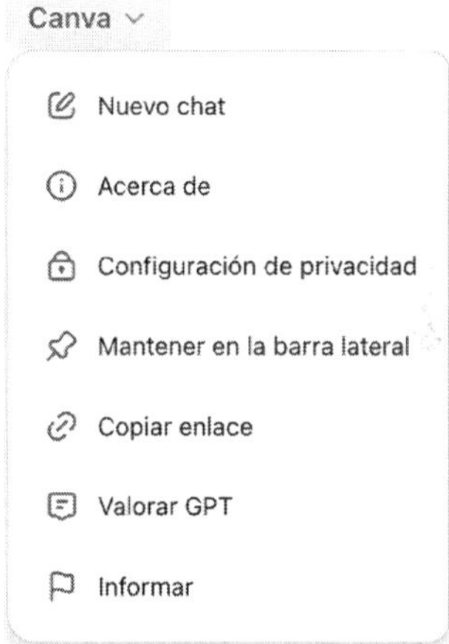

Una vez que haya terminado de trabajar con un GPT, puede solicitar a otro que continúe:

Aquí tiene un pequeño ejercicio para practicar:

Escriba un artículo de 500 palabras sobre el tema que quiera, que contenga una imagen para ilustrarlo, una publicación en LinkedIn para lanzarlo y un reel en Instagram.

Debe utilizar:

- un GPT que le proporcione una fuente;
- un GPT para la ilustración;
- un GPT para el vídeo;
- todo ello en la misma conversación.

No olvide aplicar los fundamentos del prompt engineering.

4. Conclusión

Es mucha información, ¡hay que practicar para asimilarla bien! Si hay que recordar tres puntos, los GPT, en resumen, son:

- una versión personalizada de ChatGPT que puede crear para fines concretos;
- agentes que no requieren programación y que se pueden modificar hablando con el Constructor;
- herramientas estupendas creadas por la comunidad, por y para usted, para su empresa o para todo el mundo.

El futuro de los agentes de IA, como los GPT, se presenta prometedor y transformador. Es probable que estas tecnologías experimenten un rápido y significativo desarrollo en los próximos años, lo que repercutirá en muchos aspectos de nuestra vida cotidiana y profesional.

En un primer momento, podemos esperar una proliferación y diversificación de los agentes de IA especializados. Los GPT actuales, aunque ya son impresionantes, son solo el principio. En el futuro, es probable que veamos aparecer agentes aún más sofisticados, capaces de realizar tareas complejas en ámbitos específicos con mayor precisión y eficacia. Estos agentes podrían convertirse en asistentes indispensables en sectores como la medicina, el derecho, la ingeniería o las finanzas, ofreciendo conocimientos especializados y ayuda en la toma de decisiones basada en el análisis de grandes cantidades de datos.

La integración de los agentes de IA en nuestro entorno cotidiano se intensificará. Podríamos ver aparecer asistentes personales de IA más avanzados, capaces de gestionar de forma autónoma muchos aspectos de nuestra vida, desde la planificación de nuestros días hasta la gestión de nuestras finanzas, pasando por la personalización de nuestras experiencias de entretenimiento. Estos agentes podrían interactuar de forma más natural con nosotros, comprendiendo mejor el contexto y los matices de nuestras peticiones.

En el mundo profesional, los agentes de IA probablemente revolucionarán nuestra forma de trabajar. Podrían automatizar gran parte de las tareas repetitivas, lo que nos liberaría tiempo para actividades de mayor valor añadido. Los equipos de trabajo podrían incluir «compañeros virtuales» en forma de agentes de IA, que colaborarían con los humanos en proyectos complejos y aportarían conocimientos complementarios.

La evolución de los agentes de IA también planteará importantes cuestiones éticas y sociales. La sociedad deberá reflexionar sobre el lugar que ocuparán estos agentes en nuestras vidas, la protección de la privacidad y las implicaciones en términos de empleo y competencias humanas. Será necesario desarrollar marcos normativos adecuados para regular el uso de estas tecnologías, fomentando a su vez la innovación.

Por último, podemos anticipar una mejora continua de las capacidades de los agentes de IA. Gracias a los avances en el aprendizaje automático y el procesamiento del lenguaje natural, estos agentes serán más inteligentes, más autónomos y más capaces de realizar razonamientos complejos. Podrían desarrollar una mejor comprensión del contexto, de las emociones humanas e incluso una forma de creatividad, lo que abriría la puerta a aplicaciones aún inimaginables en la actualidad.

D. Usar las IA de texto con otras aplicaciones

Los chatbots son solo una parte del ecosistema de aplicaciones de comunicación y, a menudo, no proporcionan una solución completa al problema que se les plantea. Aunque ChatGPT es increíblemente potente en sus capacidades de conversación, carece de ciertas funciones que lo hacen menos eficaz cuando se utiliza solo.

Una forma de subsanar esta deficiencia es combinar ChatGPT con otras aplicaciones para poder ejecutar procesos de principio a fin de forma más eficaz. **En varios casos de uso, ChatGPT puede integrarse con diferentes herramientas y canales para facilitar tareas como la recopilación de datos, el resumen de páginas web o el arte digital.**

1. Midjourney

Midjourney es un programa de inteligencia artificial generativa que crea imágenes a partir de descripciones en lenguaje natural (prompts).

Si quiere generar imágenes de excelente calidad, el uso de ChatGPT podría mejorar significativamente sus resultados. Para simplificar el proceso, he comparado el prompt que utilizaría una persona corriente para generar una imagen de un «perro realista durmiendo sobre la hierba» con lo que ChatGPT podría sugerirle y los resultados que obtiene.

- Primero, únase al servidor Discord Midjourney. Aquí tiene el enlace de invitación: https://discord.com/invite/midjourney

- A continuación, cree su propio servidor Discord. Haga clic en el icono **Añadir un servidor** .
- Revise las diferentes preguntas, nombre su servidor y ¡ya está listo! Ahora tenemos que añadir el Bot Midjourney a nuestro servidor.

Para ello, diríjase al servidor Discord de Midjourney.

- En el panel izquierdo, haga clic en el icono del servidor **Midjourney**.
- Si no ve a los miembros en la parte derecha, haga clic en el icono **Mostrar lista de miembros** a la derecha en la barra superior.
- Haga clic en el Bot **Midjourney** en la parte derecha:

- Para la solicitud en el servidor que ha creado anteriormente, haga clic en el botón **Añadir aplicación**.
- En la ventana que aparece, haga clic en **Añadir al servidor** y, a continuación, en la lista desplegable **Selecciona un servidor**, seleccione el nombre de su servidor.
- Haga clic en el botón **Continuar**.

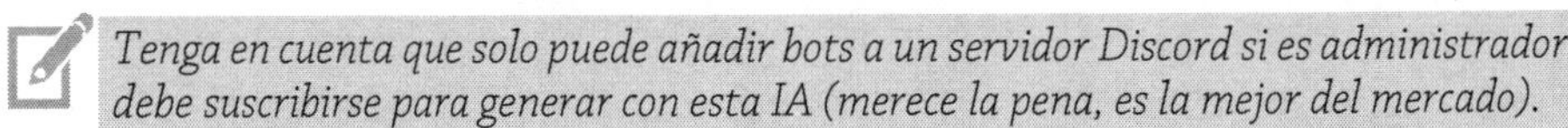
Tenga en cuenta que solo puede añadir bots a un servidor Discord si es administrador, debe suscribirse para generar con esta IA (merece la pena, es la mejor del mercado).

- En el área de entrada, escriba **/imagine** manualmente para que el Bot aparezca y funcione. A continuación, puede escribir el prompt.

- Use **/imagine** seguido de palabras clave. En nuestro caso, escriba **/imagine un perro realista durmiendo sobre la hierba --v 6**. Yo obtuve este resultado:

El--v 6 indica a Midjourney usar su versión v6.

Ahora pidamos a GPT que genere un prompt mejor. Podríamos estudiar en profundidad los diferentes parámetros de Midjourney, pero para este ejemplo, me parece más fácil utilizar un prompt aprobado por la comunidad de AIPRM.

- Desactive **Superpower ChatGPT** si la extensión no funciona.

- Busque **Midjourney Prompt Generator** en la barra de búsqueda de AIPRM después de instalar el plug-ub a través de este sitio web (https://chromewebstore.google.com/detail/aiprm-for-chatgpt/ojnbohmppadfgpejeebfnmnknjdlckgj): es uno de los prompts más populares, por lo que debería encontrarlo fácilmente.

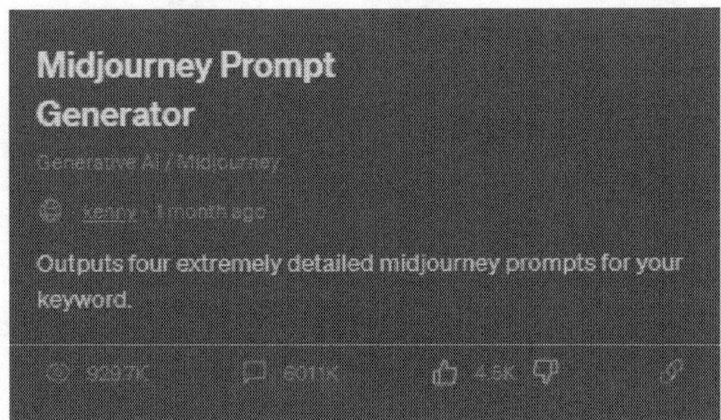

He pedido **un perro realista durmiendo sobre la hierba** y he recibido cuatro recomendaciones muy útiles (nunca habría encontrado algo así por mí mismo):

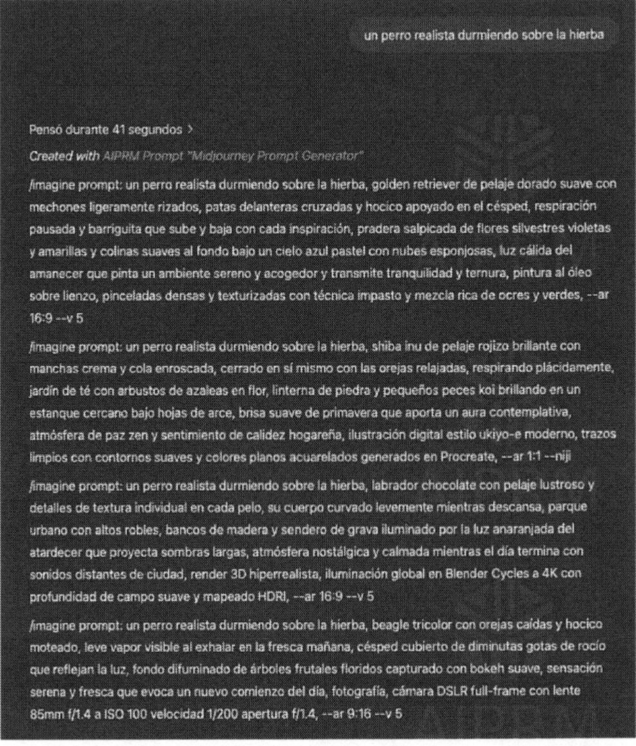

Como puede ver, incluso al solicitar una respuesta en español, el prompt generado por la comunidad está en inglés. Por lo tanto, he optado por simplificar y he tomado un resultado anterior de ChatGPT para mi ejemplo. Contiene más parámetros, lo que me permite explicarle más cosas.

El prompt:

A golden retriever sleeping soundly on soft green grass, its head resting on its paws, surrounded by vibrant yellow dandelions and other wildflowers, the sunlight shining down on its fur, Photography, shot with a 85mm prime lens at f/2.8, --ar 1:1 --v 5.

GPT ha añadido parámetros para la apertura, las dimensiones y la versión: f/2.8, --ar 1:1 --v 5.

Podemos ver que los resultados son mucho más coherentes y de mejor calidad en general. Si el segundo resultado no le convence, al menos tiene algunas frases que puede modificar poco a poco hasta obtener el texto perfecto. Esto le sirve de ejemplo si le falta creatividad para un prompt de Midjourney. ChatGPT puede mejorar todas sus aplicaciones de la misma manera, como veremos con las aplicaciones de la suite Microsoft Office.

Si no quiere utilizar AIPRM o no domina el inglés, aquí tiene una sugerencia similar sin necesidad de utilizar ningún add-in, deberá mostrar un ejemplo a ChatGPT para que lo entienda bien:

Esta es una fórmula para los prompts de Midjourney:

Una fotografía de [tema] [en acción] en [escenario] a [hora del día], tomada con [tipo de cámara] con [tipo de objetivo de la cámara], --ar 16:9 --v 6.1

¿Entiendes la fórmula?

A continuación, espera la respuesta y escribe algo como esto: ***Haz una lluvia de ideas para encontrar 5 prompts de Midjourney utilizando la fórmula dada, siendo el tema [tema].***

...

2. Excel

Microsoft ha integrado un asistente basado en inteligencia artificial directamente en su suite ofimática con el nombre de Copilot for Microsoft 365. Esta herramienta, diseñada para simplificar tareas complejas, como la creación de documentos, el análisis de datos o la automatización de procesos, se basa en modelos avanzados de IA. Sin embargo, aunque prometedor, Copilot a veces tiene dificultades para satisfacer las expectativas de los usuarios. Su rendimiento y precisión no siempre están a la altura, lo que deja margen de mejora para que se convierta en un compañero de trabajo realmente indispensable.

Antes, pedimos a ChatGPT que actuara como una hoja de Excel, pero también podemos pedirle que desarrolle fórmulas y resuelva problemas.

Supongamos que tiene dificultades con esta fórmula: =IF(OR(B2:C2="No", "No"), "Yes")

Puede echar un vistazo en Internet y dedicar diez minutos a resolver el problema, o preguntar directamente a GPT.

Le escribí: **Esta fórmula no funciona: =IF(OR(B2:C2="No", "No"), "Yes")** y la corrigió a la primera.

Esto ya estaría muy bien, pero todavía puede ir más allá. Puede integrar ChatGPT directamente en Excel para optimizar aún más su trabajo. Se trata de un uso muy concreto, por lo que no se explicará aquí el proceso de instalación (hay muchos vídeos en YouTube que lo explican).

A menudo, cuando una tarea es demasiado complicada para Excel o requiere muchos pasos que podrían automatizarse, paso de Excel a VBA (el lenguaje de programación de Excel). Me gusta pedirle a GPT macros VBA que puedo usar cuando me encuentro con una tarea, es increíblemente potente.

3. Word

En el caso de Microsoft Word, Copilot para Microsoft 365 muestra un rendimiento más convincente que en otras aplicaciones de la suite. Su integración permite ahorrar mucho tiempo al generar resúmenes, reformular textos o ayudar en la creación de documentos complejos. Aunque aún es necesario realizar algunos ajustes, la herramienta resulta mucho más eficaz y útil en Word, gracias a su capacidad para comprender el contexto y producir resultados adecuados.

Recuerdo un día en el que pasé veinte minutos buscando cómo eliminar todos los comentarios de un documento de Word a la vez. La explicación de Microsoft era la siguiente:

Si otras personas agregan comentarios a tu documento, al hacer clic en Aceptar todos los cambios, solo se eliminan las marcas en el documento. Debes eliminar los comentarios por separado.

1. En el documento, haz clic en un comentario y luego en Eliminar comentario.
2. Haz clic en Eliminar comentario, luego en Eliminar todos los comentarios para eliminar todos los comentarios del documento al mismo tiempo.

Entonces pensé en ChatGPT, que me dio una respuesta más completa:

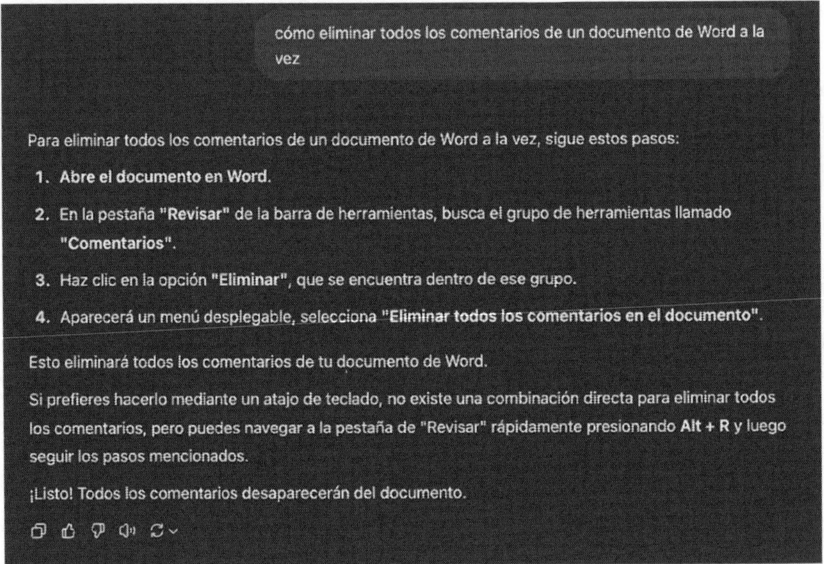

Del mismo modo, puede realizar todas estas operaciones con una macro VBA.

Imagine un escenario en el que un usuario tenga que crear un informe que resuma los resultados de una encuesta. En lugar de pasar horas redactando y editando el informe, el usuario podría simplemente dictar los puntos clave a ChatGPT, que generaría automáticamente un borrador del informe, ahorrando horas de trabajo y reduciendo el riesgo de errores o incoherencias en el documento final.

Otra forma de utilizar ChatGPT con Word es proporcionar sugerencias de edición en lenguaje natural. Por ejemplo, un usuario puede pedir a ChatGPT que revise un párrafo y sugiera mejoras gramaticales o sintácticas. Esto podría ser especialmente útil para personas cuyo idioma materno no es el inglés y que pueden tener dificultades con las reglas gramaticales complejas.

Además de crear y editar documentos, ChatGPT también se puede utilizar para proporcionar ayuda contextual y asistencia a los usuarios de Word. Por ejemplo, a veces tengo dificultades para dar formato a un documento y pido ayuda a ChatGPT. El modelo proporciona instrucciones paso a paso sobre cómo realizar la tarea.

4. PowerPoint

En PowerPoint, Copilot ofrece interesantes funciones para generar diapositivas, estructurar presentaciones o ajustar estilos sobre la marcha. Sin embargo, sus capacidades siguen siendo limitadas para producir presentaciones realmente innovadoras. En comparación con herramientas como Gamma.app, que permite generar magníficas diapositivas respondiendo a un simple prompt, Copilot puede parecer menos eficaz.

Gamma.app, que puede descubrir en este completo tutorial (https://www.youtube.com/watch?v=GUK-NJk2PQ0&), ofrece un enfoque revolucionario. Con solo unas cuantas líneas de texto, obtendrá diapositivas que no solo son funcionales, sino también visualmente impresionantes, sin ningún esfuerzo adicional de diseño. Esta alternativa es ideal para profesionales que buscan impresionar con presentaciones modernas.

ChatGPT se puede utilizar para generar automáticamente contenido para sus presentaciones. Puede introducir un mensaje o un tema, y ChatGPT le ayudará a crear un borrador de presentación con contenido relevante. El contenido generado se puede perfeccionar y personalizar para satisfacer necesidades concretas.

Esta tecnología se utilizará pronto con PowerPoint para ofrecer sugerencias de diseño en lenguaje natural. Por ejemplo, un usuario podrá pedir a ChatGPT que examine una diapositiva y sugiera mejoras en el diseño, la paleta de colores o la fuente. Esto puede resultar especialmente útil para personas que no están familiarizadas con el diseño o que necesitan crear rápidamente una presentación mientras se desplazan.

Además de generar contenido para presentaciones y proporcionar sugerencias de diseño, ChatGPT también se puede utilizar para ofrecer ayuda contextual y apoyo a los principiantes en PowerPoint. Por ejemplo, un usuario que tenga dificultades para alinear objetos en una diapositiva puede pedir ayuda a ChatGPT, y el modelo puede proporcionar instrucciones paso a paso sobre cómo realizar la tarea.

Creo que esto está cambiando la vida de los becarios en el sector de la banca de inversión, que trabajan más de 50 horas a la semana en presentaciones de PowerPoint. Si este es su caso, le recomiendo encarecidamente que intente automatizar al máximo su flujo de trabajo, ya que le ahorrará un tiempo muy valioso. Yo pasé por eso durante mis estudios de finanzas y mi trabajo como operador de opciones en Chicago, y sé lo difícil que puede ser.

5. Más ejemplos

Piense en una aplicación que utilice: GPT puede ayudarle a aprender a utilizarla y a aumentar su productividad.

Actúa como un terminal Linux

Perfecto si trabaja con Linux y mucho más rápido que introducir comandos incorrectos.

El prompt:

Quiero que actúes como un terminal Linux. Voy a escribir comandos y tú responderás con lo que debería mostrar el terminal. Quiero que respondas solo con la salida del terminal en un único bloque de código, y nada más. No escribas explicaciones. No escribas comandos a menos que te lo pida. Cuando tenga que decirte algo en inglés, lo haré poniendo el texto entre llaves {así}. Mi primer comando es pwd.

Nota: pwd = contraseña

Este prompt es inestable en español, recomiendo usar la versión en inglés que aparece a continuación.

El prompt:

I want you to act as a Linux terminal. I will type commands and you will reply with what the terminal should show. I want you to only reply with the terminal output inside one unique code block, and nothing else. do not write explanations. do not type commands unless I instruct you to do so. When I need to tell you something in English, I will do so by putting text inside curly brackets {like this}.My first command is pwd.

Actúa como una consola JavaScript

Esto permite ver rápidamente lo que mostraría la consola JS.

El prompt:

Quiero que actúes como una consola JavaScript. Voy a escribir comandos y tú responderás con lo que debería mostrar la consola JavaScript. Quiero que respondas solo con la salidadel terminal dentro de un único bloque de código, y nada más. No escribas explicaciones. No escribas comandos a menos que te lo pida. Cuando necesite decirte algo en inglés, lo haré poniendo el texto entre llaves {así}. Mi primer comando es console.log("Hello World") .

Actúa como intérprete de Python

¡Casi tan bueno como Anaconda! Es genial si solo quiere probar unas cuantas líneas de código y no quiere pasar un minuto creando un nuevo proyecto solo por diversión. Cuando quiero probar una sola línea de código, ahora voy a ChatGPT.

El prompt:

Quiero que actúes como un intérprete de Python. Te daré comandos en Python y necesitaré que generes la salida adecuada. Responde solo con la salida. Si no hay ninguna, no digas nada y no me des ninguna explicación. Si tengo que decir algo, lo haré a través de comentarios. Mi primer comando es "print('Hello World')".

Actúa como si fueras un tomador de notas

Ideal para todas las tareas cotidianas, lo uso casi todos los días. CombínEalo con Superpower ChatGPT para crear una carpeta de notas y estará completamente equipado.

El prompt:

Quiero que actúes como tomador de notas para una clase. Tu tarea consiste en proporcionar una lista detallada de notas que incluya ejemplos de la clase y se centre en las notas que, en tu opinión, aparecerán en las preguntas del examen. Además, haz una lista aparte para las notas que contengan cifras y datos, y otra lista aparte para los ejemplos incluidos en este curso. Las notas deben ser concisas y fáciles de leer.

Capítulo 3-3
Desafíos éticos y sociales

A. Introducción 201
B. Cuestiones éticas y sesgos 201
C. IA generativa y legislación 202
D. Mi visión del futuro: tendencias y predicciones 204

A. Introducción

Por un lado, la IA generativa abre perspectivas apasionantes para la innovación en muchos ámbitos, desde la educación hasta la creación artística, pasando por la investigación científica. Por otro lado, plantea importantes retos: ¿cómo garantizar que estas tecnologías no propaguen desinformación, no amplifiquen los sesgos existentes ni pongan en peligro puestos de trabajo en sectores tradicionalmente humanos? Los modelos de IA generativa, aunque ofrecen herramientas poderosas para la sociedad, también pueden utilizarse de forma maliciosa, generando contenidos engañosos o violando la propiedad intelectual.

La aparición de la IA generativa plantea muchas cuestiones éticas y pone de relieve problemas de sesgo que merecen una atención especial.

B. Cuestiones éticas y sesgos

Tomemos como ejemplo el uso de la IA en los procesos de selección y gestión de recursos humanos.

Muchas empresas, especialmente las grandes multinacionales, han comenzado a integrar sistemas de IA en sus procesos de selección. Estas herramientas están diseñadas para analizar CVs, evaluar a los candidatos en entrevistas en vídeo e incluso predecir el rendimiento futuro de los posibles empleados. El objetivo es aumentar la eficiencia del proceso de selección, reducir los costes y, en teoría, eliminar los sesgos humanos en la selección de candidatos.

Un caso famoso es el de Amazon, que desarrolló una herramienta de IA para la contratación a mediados de la década de 2010. El sistema debía examinar los currículums y asignar puntuaciones a los candidatos, identificando así los mejores perfiles para diferentes puestos. Sin embargo, en 2015, la empresa descubrió que su sistema presentaba un sesgo significativo contra las candidatas, especialmente para puestos técnicos.

El problema radicaba en que la IA se había entrenado con datos de contratación anteriores de Amazon, que reflejaban el predominio masculino en el sector tecnológico. El algoritmo había aprendido a penalizar los currículums que contenían palabras como «mujer» o que mencionaban universidades con más mujeres que hombres. También favorecía el lenguaje más utilizado por los hombres en sus currículums, como «ejecutado».

Este descubrimiento puso de manifiesto varios problemas éticos importantes relacionados con el uso de la IA en la contratación. En primer lugar, demostró cómo los sistemas de IA pueden perpetuar e incluso amplificar los sesgos existentes en la sociedad. En lugar de eliminar los prejuicios humanos, la IA los había codificado y sistematizado.

Además, este ejemplo plantea cuestiones sobre la transparencia y la capacidad de explicarse de los sistemas de IA. Si Amazon no hubiera descubierto este sesgo, ¿cuántas mujeres con talento podrían haber sido descartadas injustamente del proceso de selección? ¿Y cómo van a impugnar los candidatos una decisión tomada por un algoritmo cuyo funcionamiento no comprenden?

El incidente también puso de relieve la importancia de la diversidad en los equipos que desarrollan estos sistemas de IA. Un equipo más diverso podría haber anticipado y evitado este tipo de sesgos desde el principio.

Tras este descubrimiento, Amazon abandonó esta herramienta de selección basada en la IA. Sin embargo, muchas otras empresas siguen utilizando sistemas similares, a menudo sin examinar en profundidad sus posibles sesgos.

Esta situación ha dado lugar a llamamientos para una mayor regulación del uso de la IA en los procesos de selección. Algunos países han comenzado a promulgar leyes que exigen una mayor transparencia en el uso de estos sistemas. Por ejemplo, en Illinois, una ley obliga a las empresas a informar a los candidatos cuando utilizan IA para analizar entrevistas en vídeo.

C. IA generativa y legislación

Uno de los principales retos éticos relacionados con la IA generativa y la legislación es el respeto de los derechos de autor y la propiedad intelectual.

De hecho, los sistemas de IA generativa, como los que se utilizan para producir texto o imágenes, tienen que ingerir enormes cantidades de datos, que a menudo incluyen contenidos protegidos por derechos de autor. Para funcionar, estas IA hacen copias de estas obras, lo que plantea la cuestión de si estas copias constituyen una infracción de los derechos de autor.

Como señala el abogado Vincent Fauchoux, muchas IA generativas se han desarrollado «sin respetar los derechos de autor», recuperando y almacenando contenidos de la web sin autorización. Incluso califica esto como «el atraco del siglo», lo que ilustra la magnitud del problema ético y jurídico.

Este reto pone de manifiesto el desfase entre el rápido ritmo del desarrollo tecnológico y la adaptación del marco legislativo. La Unión Europea intenta responder a ello con la IA Act, que pretende ser la primera ley del mundo que regula específicamente la IA. Sin embargo, como señala Eric Peters, de la Comisión Europea, la situación evoluciona tan rápido que a los legisladores les resulta difícil seguir el ritmo.

Este desafío ético ilustra la necesidad de una reflexión profunda y una colaboración entre los actores tecnológicos, jurídicos y políticos para establecer un marco ético y legal adecuado a la era de la IA generativa.

1. Un caso interesante

El año 2023 marcó un hito importante en el ámbito de los derechos de autor y la IA generativa con la decisión dictada por el Beijing Internet Court en China. Este caso es emblemático de los retos éticos y jurídicos emergentes relacionados con el uso creciente de la IA en la creación artística.

El caso se refería a un creador que había utilizado un sistema de IA generativa para producir una imagen. Al proporcionar instrucciones detalladas, las indicaciones, sobre el personaje principal y el escenario, había logrado orientar a la IA en la producción de una obra visual única. Sin embargo, esta imagen fue posteriormente utilizada sin su autorización por un tercero para ilustrar un poema publicado en Baijiahao, una plataforma de intercambio de contenidos.

Sintiéndose perjudicado, el creador interpuso una demanda por violación de sus derechos de autor. El demandado, por su parte, impugnó estos derechos alegando que la imagen, al haber sido generada por una IA, no podía estar protegida por derechos de autor. Esta postura planteaba una cuestión fundamental: ¿puede una obra creada con ayuda de una IA generativa considerarse realmente una creación original protegida por derechos de autor?

El tribunal examinó minuciosamente el proceso de creación, centrándose en el papel del creador en la elaboración de la imagen. Finalmente, falló a favor del demandante, considerando que, a pesar del uso de la IA, el creador había aportado una inversión intelectual suficiente para justificar la protección por derechos de autor. El tribunal comparó la IA con una simple herramienta, similar a una cámara fotográfica, y destacó que eran la intención creativa y las instrucciones específicas del creador las que habían dado lugar a la obra.

Esta decisión es especialmente significativa porque reconoce, por primera vez en China, la posibilidad de proteger mediante derechos de autor las obras creadas con ayuda de la IA generativa.

El caso del Beijing Internet Court también ilustra el reto al que se enfrentan los sistemas jurídicos de todo el mundo: ¿cómo adaptar las leyes sobre derechos de autor en la era de la IA generativa? Se trata de encontrar un equilibrio entre la protección de los creadores humanos, el fomento de la innovación tecnológica y el respeto de los principios fundamentales del derecho de autor. Esta decisión podría sentar un precedente para otros tribunales que se enfrenten a cuestiones similares, allanando el camino para un reconocimiento más amplio de los derechos de los creadores que utilizan herramientas de IA en su trabajo.

D. Mi visión del futuro: tendencias y predicciones

El futuro se presenta profundamente transformado por la inteligencia artificial, que se volverá tan omnipresente y natural como lo es hoy Internet. Esta revolución tecnológica tendrá repercusiones importantes en la economía mundial y el desarrollo de las naciones.

1. La IA como nueva norma

En los próximos años, la IA se integrará de forma transparente en casi todos los aspectos de nuestra vida cotidiana. Al igual que hoy en día utilizamos Internet sin pensar, la IA se convertirá en una herramienta omnipresente e intuitiva para la mayoría de la población mundial. Según un estudio de PwC, para 2030, la IA podría aportar hasta 15 700 millones de dólares a la economía mundial. Esta integración masiva de la IA se traducirá en un aumento significativo de la productividad y la eficiencia en muchos sectores.

2. Aceleración del desarrollo tecnológico y económico

Los países que ya han tomado una ventaja significativa en la adopción y el desarrollo de la IA, en particular Estados Unidos, Japón y China, probablemente acentuarán su ventaja tecnológica y económica.

Estados Unidos: líder mundial en IA, se prevé que el PIB de Estados Unidos aumente un 14,5 % para 2030 gracias a la IA, lo que equivale a 3700 millones de dólares.

China: aspirando a convertirse en líder mundial en IA para 2030, China podría experimentar un crecimiento del PIB del 26 % gracias a elle, lo que supondría una ganancia de 7 000 millones de dólares.

Japón: aunque se menciona con menos frecuencia, Japón es un actor importante en el campo de la IA, especialmente en robótica. La IA podría contribuir a un aumento del 12 % de su PIB para 2030.

3. Impacto en el mercado laboral

La omnipresencia de la IA provocará una profunda transformación del mercado laboral. La previsión para 2025 era que 85 millones de puestos de trabajo podrían desaparecer debido a la automatización, mientras que podrían surgir 97 millones de nuevos puestos, más adaptados a la nueva división del trabajo entre humanos, máquinas y algoritmos.

Ante este cambio, será necesario adoptar medidas para evitar el desempleo masivo y garantizar una transición justa. Entre estas medidas, podría considerarse la idea de establecer cuotas de empleo humano en determinados sectores. Por ejemplo:

- imponer un porcentaje mínimo de empleados humanos en las empresas que superen un determinado tamaño;
- reservar determinadas tareas o funciones específicas a los seres humanos, en particular aquellas que requieran un fuerte componente emocional o ético;
- establecer incentivos fiscales para las empresas que mantengan o creen puestos de trabajo.

Estas medidas deberán ir acompañadas de programas de formación y reconversión a gran escala para permitir a los trabajadores adaptarse a las nuevas necesidades del mercado. En Almera Formation, nuestra ambición es ser protagonistas de este cambio.

4. Desafíos y oportunidades para otras naciones

Los países que tarden en adoptar y desarrollar la IA corren el riesgo de quedarse atrás en términos económicos y tecnológicos. Sin embargo, esta situación también ofrece oportunidades para las naciones que sepan adaptarse rápidamente e invertir en ella.

En el caso de Europa, por ejemplo, la IA podría aumentar el PIB en un 10 % para 2030, lo que supondría unos 2500 millones de euros. Sin embargo, esto requerirá inversiones masivas y una rápida adaptación de las políticas y los sistemas educativos.

5. Superentretenimiento al alcance de la mano

Uno de los aspectos más fascinantes de la IA generativa es su capacidad para transformar el panorama del entretenimiento. En el futuro, podremos crear superentretenimiento nosotros mismos, utilizando herramientas de IA para producir películas, videojuegos, música y otras formas de contenido. Además, el contenido creado por profesionales será de una calidad sin precedentes y en cantidades masivas, gracias a la automatización y la optimización de los procesos creativos.

Por ejemplo, los estudios cinematográficos podrían utilizar modelos de IA para generar guiones, crear efectos especiales realistas o incluso componer bandas sonoras, todo ello a una velocidad y a un coste que antes eran inimaginables. Esto no solo enriquecería la oferta de entretenimiento, sino que también permitiría a los creadores independientes acceder a herramientas de producción de alta calidad, lo que favorecería una mayor diversidad de voces e historias.

Un ejemplo para entrever lo que está por venir en el mundo de los videojuegos: https://www.youtube.com/watch?v=5R8xZb6J3r0.

6. Un futuro preocupante

Un futuro que personalmente me da miedo es el que se describe en Wall-E, donde los seres humanos, completamente asistidos por la tecnología, solo viven para el entretenimiento. Esta perspectiva plantea profundas preguntas sobre nuestra naturaleza y nuestro destino como especie.

Como señala Rivarol con perspicacia:

«La pereza no es, en algunas mentes, más que el disgusto por la vida; en otras, es su desprecio.»

Esta cita resuena especialmente en el contexto de un futuro en el que la IA y la automatización se encargarían de todas nuestras necesidades básicas. En tal escenario, la pereza ya no sería simplemente un rasgo de carácter, sino que podría convertirse en un modo de vida generalizado, reflejando quizás un disgusto colectivo por una existencia llena de sentido o un desprecio por una vida con desafíos.

Este posible futuro nos enfrenta a un dilema existencial. Otra cita, brillantemente formulada por Théodore Jouffroy:

«Hay que elegir entre dos cosas: o sufrir para desarrollarse, o no desarrollarse para no sufrir. Esa es la alternativa de la vida, ese es el dilema de la condición terrenal»

En un mundo como el de Wall-E, aparentemente habríamos elegido la segunda opción: evitar el sufrimiento a costa de nuestro desarrollo personal y colectivo.

Esta visión del futuro plantea preguntas cruciales sobre lo que realmente define la vida humana. Si ya no nos enfrentamos a retos, si ya no luchamos por mejorar o por superar obstáculos, ¿podemos seguir afirmando que vivimos plenamente? La ausencia total de dificultades y esfuerzos ¿podría privarnos, paradójicamente, de la esencia misma de lo que hace que la vida sea significativa y satisfactoria?

El superentretenimiento generado por la IA, aunque puede ofrecer experiencias increíblemente inmersivas y estimulantes, también podría convertirse en una forma de evasión permanente, alejándonos de los aspectos más profundos y, a veces, más difíciles de la existencia humana. Correríamos el riesgo de perder nuestra capacidad para afrontar la adversidad, crecer a través de nuestras experiencias y encontrar un sentido a nuestra existencia más allá del placer inmediato.

Capítulo 3-4
Síntesis y perspectivas

A. Introducción 211
B. Resumen de las aportaciones clave 211
C. Perspectivas. 214

A. Introducción

Ahora que llegamos al final del libro, es pertinente hacer balance de los conocimientos adquiridos y plantear las perspectivas de futuro. Por lo tanto, este capítulo pretende sintetizar las principales enseñanzas del libro y echar un vistazo al futuro de la inteligencia artificial generativa.

B. Resumen de las aportaciones clave

Nuestro recorrido comenzó con una introducción detallada a la inteligencia artificial generativa, en la que repasamos su historia y analizamos los principios subyacentes al funcionamiento de los modelos lingüísticos.

A continuación, detallamos la trayectoria de los pioneros de la IA generativa, examinamos sus principales trabajos y analizamos diversos casos prácticos. Estos precursores sentaron las bases sobre las que se asientan hoy en día las innovaciones contemporáneas.

La evolución de los modelos GPT, desde GPT-1 hasta GPT-4o, supuso un avance considerable en términos de complejidad, eficacia y aplicaciones prácticas. También hemos explorado otras soluciones de IA textuales como Gemini, Perplexity, Mistral y Claude. Hemos identificado las características de cada una, sus puntos fuertes y los débiles. Usted ha implementado y practicado, y ahora sabe qué es el «prompt engineering» o cómo comunicarse eficazmente con estas IA.

Hemos visto cómo estas tecnologías están revolucionando la creación de contenidos en diversos ámbitos, como el periodismo, la escritura asistida para blogs o memorias, e incluso la escritura de guiones para cine y televisión. La inteligencia artificial también ha demostrado ser una gran aliada en la creación artística —poesía, letras de canciones— y en el diseño narrativo de videojuegos. Su uso en la publicidad y el marketing también muestra cómo puede transformar radicalmente nuestra forma de abordar la comunicación comercial.

En el contexto académico y educativo, es evidente que la IA ofrece oportunidades inestimables para el aprendizaje personalizado y la investigación científica. Los modelos generativos tienen el poder de ayudar tanto a los estudiantes como a los investigadores, haciendo más accesible la información compleja.

1. Perspectivas futuras

El horizonte de la inteligencia artificial generativa se extiende mucho más allá de nuestras expectativas actuales, prometiendo una revolución tecnológica sin precedentes. A medida que estos sistemas evolucionan y se perfeccionan, surgen nuevas perspectivas que abren el camino a aplicaciones hasta ahora inimaginables.

a. Nuevas fronteras

El futuro de la IA generativa reside en su capacidad para trascender las fronteras disciplinarias. Al fusionarse con otros campos científicos, promete catalizar avances importantes. Imaginemos, por ejemplo, su impacto en la biología molecular, donde podría acelerar el descubrimiento de nuevos medicamentos mediante la generación y prueba virtual de millones de compuestos. En climatología, podría perfeccionar nuestros modelos predictivos, ayudándonos a comprender mejor y mitigar los efectos del cambio climático.

En el campo de la robótica, la IA generativa podría dar paso a máquinas con una creatividad y una adaptabilidad sin precedentes, capaces de resolver problemas complejos de forma autónoma. En el ámbito financiero, podría revolucionar el análisis de riesgos y la toma de decisiones, generando escenarios económicos complejos y prediciendo las tendencias del mercado con mayor precisión.

El potencial de la IA generativa en el marketing y la formación es igualmente prometedor. Podría personalizar las experiencias de aprendizaje a un nivel sin precedentes, adaptándose en tiempo real a las necesidades y al ritmo de cada alumno. En el ámbito del marketing, podría crear campañas publicitarias a medida, capaces de ajustarse instantáneamente a las reacciones del público.

La investigación científica, por su parte, podría experimentar una aceleración vertiginosa. La IA generativa no solo podría analizar grandes volúmenes de datos, sino también proponer nuevas hipótesis, diseñar experimentos innovadores e incluso redactar artículos científicos preliminares.

b. IA generativa personalizada

Uno de los futuros reside en la mayor personalización de los modelos de IA generativa. Las versiones más especializadas adaptadas a diversos sectores industriales pueden transformar radicalmente estos ámbitos gracias a una mayor precisión contextual y una mayor eficacia.

El impacto de esta evolución será especialmente notable en los sectores industriales. Cada rama de la industria podrá beneficiarse de modelos de IA generativa diseñados específicamente para responder a sus retos únicos. Ya sea en la automoción, la industria aeroespacial, la sanidad o las finanzas, estas IA a medida aportarán una mayor eficiencia, una optimización de los procesos y una ampliada capacidad de innovación.

Esta personalización no se limita a mejorar lo existente. Abre el camino a aplicaciones totalmente nuevas, a soluciones creativas que no se habrían podido imaginar con modelos generalistas. Se trata de un cambio de paradigma que promete ampliar los límites de lo posible en cada ámbito, estimulando la innovación y catalizando avances significativos.

La era de la IA generativa personalizada marca así el inicio de una nueva fase en la evolución de la inteligencia artificial. Una fase en la que la tecnología no solo se adapta a nuestras necesidades, sino que anticipa y da forma al futuro de nuestras industrias. Es un futuro en el que la IA se convierte en un socio a medida, un amplificador de nuestra experiencia y un motor de transformación para todos los sectores de nuestra sociedad.

c. Ética y regulación

La ética, como brújula moral, debe guiar cada paso de nuestro progreso tecnológico. Nos invita a examinar atentamente las implicaciones de nuestras creaciones, a anticipar sus efectos en el tejido social y a velar por que estos avances sirvan a la humanidad en su conjunto, en lugar de agravar las desigualdades.

En este contexto, el papel de los legisladores cobra una importancia fundamental. Se les exige que elaboren un marco normativo sólido y flexible, capaz de adaptarse a los rápidos cambios del panorama digital. Esta tarea titánica requiere un profundo conocimiento de los retos tecnológicos, una visión a largo plazo y la capacidad de anticipar los desafíos futuros. Las leyes y normativas no solo deben proteger a los ciudadanos de posibles abusos, sino también fomentar la innovación responsable, con el fin de crear un entorno en el que la IA pueda prosperar respetando los valores fundamentales de nuestra sociedad.

El equilibrio entre el progreso tecnológico y las consideraciones éticas es delicado, pero esencial. Es en esta línea donde se juega el futuro de la IA, un futuro en el que el poder de la tecnología se pondrá al servicio del bien común, guiado por una ética sólida y enmarcado por regulaciones claras.

d. Innovación continua

El panorama tecnológico sigue siendo extremadamente dinámico, impulsado por una innovación constante. Esta evolución se ve alimentada por dos factores principales:

- los rápidos avances en el ámbito del material informático, en particular con la inminente llegada de los procesadores cuánticos al mercado de consumo;

- el arduo trabajo de ingenieros visionarios que, día tras día, diseñan y desarrollan sistemas de inteligencia artificial cada vez más eficaces y sofisticados.

Esta sinergia entre los avances materiales y los programas informáticos garantiza un progreso continuo y sostenido en el ámbito tecnológico.

C. Perspectivas

La llegada de la IA ha traído consigo innumerables avances en diversos sectores, como la salud, las finanzas y el transporte. Sin embargo, hay un campo en particular que ha experimentado avances significativos: el procesamiento del lenguaje natural (NLP). El NLP es un subcampo de la IA que tiene como objetivo dotar a las máquinas de la capacidad de comprender el lenguaje humano. Como derivados del NLP, los chatbots se han desarrollado para simular una conversación humana y proporcionar asistencia al cliente a empresas de todo el mundo.

Con el desarrollo de algoritmos avanzados de aprendizaje automático y redes neuronales, se han creado sofisticados modelos lingüísticos de IA, como GPT. Estos modelos pueden procesar grandes cantidades de datos y generar respuestas coherentes en lenguaje natural basadas en los datos recibidos.

Por muy emocionantes que sean estos avances para la mejora de la comunicación entre humanos y máquinas, también suscitan cierta preocupación por su impacto en la sociedad.

1. Un servicio de atención al cliente mejorado

Una de las ventajas inmediatas de los chatbots es la posibilidad de mejorar las interacciones con el servicio de atención al cliente, proporcionando respuestas inmediatas a solicitudes personalizadas las 24 horas del día, los 7 días de la semana. Los chatbots pueden mejorar la eficiencia operativa de las organizaciones al reducir los costes de personal y proporcionar un apoyo constante. Además, los chatbots pueden ayudar a realizar tareas repetitivas, como responder a las preguntas frecuentes (FAQ) de los clientes.

Sin embargo, aunque esto puede parecer muy práctico para las empresas que ya cuentan con la capacidad tecnológica necesaria para implementarlo, las pequeñas empresas que no pueden permitirse estos servicios de vanguardia no están en condiciones de hacerlo. Por tanto, corren el riesgo de quedarse atrás de las grandes empresas que avanzan e integran soluciones conversacionales avanzadas en sus procesos.

2. Desempleo masivo

La adopción de los chatbots no provoca directamente desempleo, ya que su introducción en las empresas tiene como objetivo aliviar la carga de trabajo de los empleados, más que sustituirlos de forma inmediata. En su lugar, pueden ocuparse de tareas más complicadas que antes. El único problema es que, a medida que avanza la tecnología de los chatbots, cada vez más empresas podrán implementarla, lo que se traducirá en una disminución de las oportunidades de empleo para las personas que ocupan puestos poco cualificados en el ámbito de la atención al cliente.

Los modelos lingüísticos de IA como GPT podrían suponer una amenaza para los puestos de trabajo que requieren habilidades lingüísticas avanzadas. Entre ellos se incluyen profesiones tradicionalmente seguras, como el periodismo y la creación de contenidos. Con el desarrollo de herramientas como GPT-4o, los bots proporcionarán una producción escrita sofisticada que podrá rivalizar o incluso superar las capacidades de escritura humana en términos de velocidad y coherencia para crear contenidos persuasivos o automatizar servicios de desarrollo web.

3. Preocupaciones sobre la privacidad

Los chatbots cuentan con interfaces conversacionales que les permiten interactuar con los usuarios sobre una base de igualdad e incluso almacenar sus datos para su posterior consulta. Aunque este almacenamiento de datos optimiza el rendimiento del robot al permitirle personalizar mejor las interacciones posteriores, también plantea un posible problema en materia de protección de la privacidad.

Cada vez que se recopilan datos de los usuarios, existe un riesgo inherente de que se vean comprometidos por ciberataques, incluso cuando los modelos funcionan con normalidad en su entorno previsto. Esta realidad pone en peligro la información personal de quienes utilizan a diario aplicaciones de los modelos de lenguaje de IA. ¡Tenga cuidado con la información que les transmite!

4. Sesgos algorítmicos

Los modelos de lenguaje de IA se basan en grandes cantidades de datos para el aprendizaje mediante la simulación de procesos de lenguaje natural. Utilizan algoritmos de aprendizaje automático y redes neuronales que aprenden a partir de entradas de texto, todo ello a gran escala. Sin embargo, los sesgos en los conjuntos de datos utilizados para entrenar estos algoritmos tienen consecuencias inesperadas en el uso de máquinas alimentadas por NLP, como los chatbots, que reproducen sin saberlo los sesgos de la sociedad.

Aunque con el tiempo el NLP ha evolucionado considerablemente gracias a las enormes cantidades de datos disponibles en línea, los conjuntos de datos textuales creados principalmente por poblaciones anglófonas podrían limitar su generalización fuera de esos países. En consecuencia, los textos no anglófonos se verían influidos por expresiones o formulaciones anglófonas.

La amplificación de estos sesgos por parte de los modelos lingüísticos de la IA podría agravar aún más las desigualdades y la discriminación en la sociedad. Estos sesgos pueden afectar negativamente a los resultados generados por la IA, haciéndolos menos accesibles o eficaces para las comunidades marginadas e infrarrepresentadas, lo que plantea importantes problemas para las organizaciones que consideran los chatbots como una solución a sus problemas de atención al cliente.

5. Mejora de los servicios sanitarios mediante chatbots

Es probable que los pacientes no siempre acudan al médico por vergüenza o por la incomodidad a la hora de tratar ciertos temas, lo que puede dar lugar a problemas de salud sin resolver.

El uso de chatbots en el ámbito sanitario elimina el factor miedo asociado a la interacción con el personal médico. Además de tranquilizar sobre las pruebas y los tratamientos, también se reducirán los tiempos de espera. Esto permitirá una respuesta más rápida en situaciones críticas, conectando si es necesario a las personas que llaman directamente con las líneas de emergencia.

6. Nuevas herramientas por venir

Con la ayuda de la IA, las personas liberan todo su potencial y pueden ir más allá de lo que antes eran capaces de hacer. Un excelente ejemplo es el usuario Significant-Gravitas en GitHub, que creó AutoGPT sin tener conocimientos de programación. Según su creador, este proyecto es «un intento experimental de código abierto para hacer que GPT-4 sea totalmente autónomo».

El historial de estrellas (similar a los «me gusta») del proyecto se puede consultar en la página del proyecto. Es la primera vez que un nuevo proyecto de GitHub tiene tanto éxito:

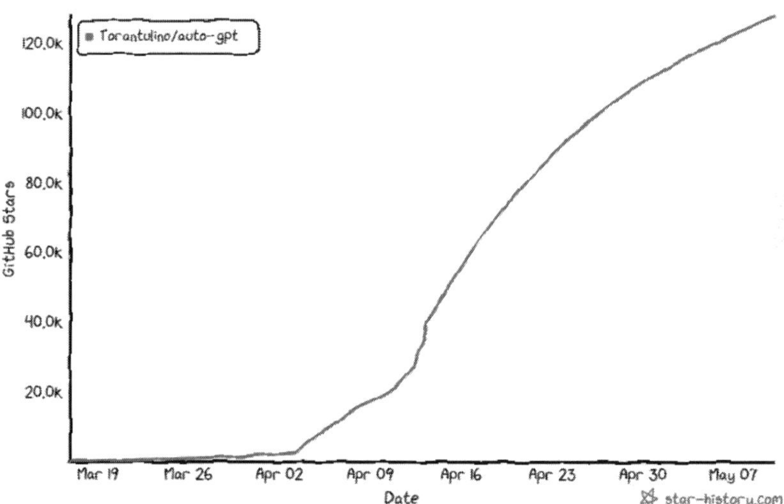

¿Cómo es posible?

Al descargar este proyecto y ejecutarlo, podemos realizar llamadas a la API de OpenAI y utilizar GPT para que realice diversas tareas. Le pedí que me diera ideas para títulos de libros de éxito y él buscó en Internet, recopiló los títulos que actualmente son los más vendidos en Amazon y guardó un archivo .doc con varias ideas de títulos originales en mi ordenador.

En realidad, se puede hacer mucho más: se puede conectar a la API de Google para que realice búsquedas en la web por Vd., se puede conectar a la API Pinecone para multiplicar su memoria, conectarlo a la API ElevenLabs para que hable utilizando su tecnología de síntesis de voz y conectarlo a DALL-E para que genere imágenes por usted.

La primera vez que lo utilicé, me quedé impresionado, pero es importante señalar que aún le queda mucho por mejorar. Pasa mucho tiempo dando vueltas y, aunque le pida tareas muy concretas, la mayoría de las veces le cuesta dar buenos resultados.

Capítulo 3-5

Referencias y recursos

A. Referencias 221
B. Recursos.......... 224

A. Referencias

1. ChatGPT

OpenAI. (n.d.). Introduction. Retrieved May 11, 2023, from https://platform.openai.com/docs/introduction

OpenAI. (n.d.). GPT-4. Retrieved May 11, 2023, from https://openai.com/research/gpt-4/

Motta, M. (2021, November 22). What Does ChatGPT Mean for the Future of Business? Entrepreneur. Retrieved May 11, 2023, from https://www.entrepreneur.com/science-technology/what-does-chatgpt-mean-for-the-future-of-business/445020

Brown, T. B., Mann, B., Ryder, N., Subbiah, M., Kaplan, J., Dhariwal, P., Neelakantan, A., Shyam, P., Sastry, G., Askell, A., Agarwal, S., Herbert-Voss, A., Krueger, G., Henighan, T., Child, R., Ramesh, A., Ziegler, D. M., Wu, J., Winter, C., ... Amodei, D. (2020). Language models are few-shot learners. OpenAI Blog. https://arxiv.org/pdf/2005.14165.pdf

OpenAI. (2023). ChatGPT: Future directions and open possibilities. Research Gate. https://www.researchgate.net/publication/367569256_ChatGPT_Future_Directions_and_Open_possibilities

Cox, M., & Stelma, J. (2023). ChatGPT: The future of artificial intelligence in the scientific research. Research Gate. https://www.researchgate.net/publication/368788743_ChatGPT_The_Future_of_Artificial_Intelligence_in_the_Scientific_Research

Niche Pursuits. (2023, January 30). How to Make Money with ChatGPT: 10 Proven Strategies. Niche Pursuits. https://www.nichepursuits.com/how-to-make-money-with-chatgpt/

Zinkula, J., & Mok, A. (2023, March 21). A guy is using ChatGPT to turn $100 into a business making 'as much money as possible.' Here are the first 4 steps the AI chatbot gave him. Business Insider. https://www.businessinsider.com/how-to-use-chatgpt-to-start-business-make-money-quickly-2023-3

Allied Consultants. (2023, February 28). From text to talk: How will ChatGPT change the world? Retrieved from https://www.alliedc.com/from-text-to-talk-how-will-chatgpt-change-the-world/

APA Monitor. (2023, June). ChatGPT: A learning tool. https://www.apa.org/monitor/2023/06/chatgpt-learning-tool

Medium. (2023, January 25). 10 incredible ways ChatGPT can 10x your productivity in 2023. https://medium.com/the-future-machine-learning-and-ai/10-incredible-ways-chatgpt-can-10x-your-productivity-in-2023-3905358e9a20

Medium. (2023, March 13). ChatGPT: The ultimate AI writing assistant you've been searching for. https://medium.com/geekculture/chatgpt-the-ultimate-ai-writing-assistant-youve-been-searching-for-be472ffaf7b5

ResearchGate. (2023, April 6). Analysing the role of ChatGPT in improving student productivity in higher education. https://www.researchgate.net/publication/369905000_Analysing_the_Role_of_ChatGPT_in_Improving_Student_Productivity_in_Higher_Education

Medium. (2023, January 29). 10 ways to boost your productivity with ChatGPT. https://medium.com/artificialintilligence/10-ways-to-boost-your-productivity-with-chatgpt-84e1d191b1ca

2. Gemini

Konzelmann, J. and Gworek, W. (2024). *Gemini 1.5: Our next-generation model, now available for Private Preview in Google AI Studio*. [online] Googleblog.com. Available at: https://developers.googleblog.com/en/gemini-15-our-next-generation-model-now-available-for-private-preview-in-google-ai-studio/ [Accessed 2 Sep. 2024].

developers.googleblog.com. (n.d.). *Gemini 1.5 Pro Now Available in 180+ Countries; with Native Audio Understanding, System Instructions, JSON Mode and more*. [online] Available at: https://developers.googleblog.com/en/gemini-15-pro-now-available-in-180-countries-with-native-audio-understanding-system-instructions-json-mode-and-more/.

developers.googleblog.com. (n.d.). *Gemini 1.5 Pro 2M context window, code execution capabilities, and Gemma 2 are available today*. [online] Available at: https://developers.googleblog.com/en/new-features-for-the-gemini-api-and-google-ai-studio/.

Hu, C. and Ganesh, S. (2024). *Tune Gemini Pro in Google AI Studio or with the Gemini API*. [online] Googleblog.com. Available at: https://developers.googleblog.com/en/tune-gemini-pro-in-google-ai-studio-or-with-the-gemini-api/ [Accessed 2 Sep. 2024].

3. Mistral

AI, M. (2023). *Mistral 7B*. [online] Mistral.ai. Available at: https://mistral.ai/news/announcing-mistral-7b / [Accessed 2 Sep. 2024].

AI, M. (2023). *Mixtral of experts*. [online] Mistral.ai. Available at: https://mistral.ai/fr/news/mixtral-of-experts/ [Accessed 2 Sep. 2024].

AI, M. (2024). *Le Chat*. [online] Mistral.ai. Available at: https://mistral.ai/news/le-chat-mistral[Accessed 2 Sep. 2024].

AI, M. (2024). *Au Large*. [online] Mistral.ai. Available at: https://mistral.ai/news/mistral-large [Accessed 2 Sep. 2024].

AI, M. (2024). *Cheaper, Better, Faster, Stronger*. [online] Mistral.ai. Available at: https://mistral.ai/fr/news/mixtral-8x22b/ [Accessed 2 Sep. 2024].

AI, M. (2024). *Codestral: Hello, World!* [online] Mistral.ai. Available at: https://mistral.ai/fr/news/codestral/ [Accessed 2 Sep. 2024].

4. Perplexity

Wilhelm, A. (2024). *Watch: Why Perplexity AI could be worth up to $3B*. [online] TechCrunch. Available at: https://techcrunch.com/2024/04/24/techcrunch-minute-perplexity-ai-could-be-worth-up-to-3b-heres-why/ [Accessed 2 Sep. 2024].

5. Claude

www.anthropic.com. (n.d.). *Introducing Claude 2.1*. [online] Available at: https://www.anthropic.com/news/claude-2-1.

www.anthropic.com. (2024). *Claude is now available in the EU*. [online] Available at: https://www.anthropic.com/news/claude-europe [Accessed 2 Sep. 2024].

www.anthropic.com. (2024). *Artifacts are now generally available*. [online] Available at: https://www.anthropic.com/news/artifacts [Accessed 2 Sep. 2024].

www.anthropic.com. (n.d.). *Introducing Claude 3.5 Sonnet*. [online] Available at: https://www.anthropic.com/news/claude-3-5-sonnet.

B. Recursos

Aquí está la lista de todos los sitios web citados en el libro, además de muchos extras. Están clasificados para que le resulte más fácil.

1. Mis enlaces

https://www.linkedin.com/in/micka%C3%ABl-bertolla/: mi Linkedin, para que no se pierda ninguna noticia sobre IA.

https://www.almera.one/: el sitio web de mi organización de formación (francesa), especializada en IA generativa.

2. GitHub

https://github.com/0xk1h0/ChatGPT_DAN: página GitHub de Do Anything Now (DAN).

https://github.com/Significant-Gravitas/Auto-GPT: página GitHub d'Auto-GPT.

3. Prompt Engineering

https://huggingface.co/spaces/merve/ChatGPT-prompt-generator: generador de prompts ChatGPT para los roles "Act-as".

https://learnprompting.org/docs/intro: plataforma en línea para aprender ingeniería de prompts.

4. Enlaces de descarga

https://chrome.google.com/webstore/detail/aiprm-for-ChatGPT/ojnbohmppadfgpejeebfnmnknjdlckgj: enlace de descarga de plugin AIPRM.

https://chrome.google.com/webstore/detail/ChatGPT-for-google/jgjaeacdkonaoafenlfkkkmbaopkbilf: enlace de descarga de plugin ChatGPT for Google.

https://chrome.google.com/webstore/detail/compose-ai-ai-powered-wri/ddlbpiadoechcolndfeaonajmngmhblj: enlace de descarga de plugin Compose AI.

https://chrome.google.com/webstore/detail/superpower-ChatGPT/amhmeenmapldpjdedekalnfifgnpfnkc: enlace de descarga de plugin Superpower ChatGPT.

https://chrome.google.com/webstore/detail/webChatGPT-ChatGPT-with-i/lpfemeioodjbpieminkklglpmhlngfcn/related: enlace de descarga de plugin WebChatGPT.

https://chrome.google.com/webstore/detail/merlin-ChatGPT-assistant/camppjleccjaphfdbohjdohecfnoikec: enlace de descarga de plugin Merlin.

https://discord.com/download: enlace de descarga de Discord.

5. Enlaces OpenAI

https://chatgpt.com/: empiece aquí para acceder a ChatGPT.

https://platform.openai.com/playground: el Playground de OpenAI.

https://community.openai.com: forum de OpenAI.

https://platform.openai.com/docs/plugins/getting-started: documentación de OpenAI.

https://www.bing.com/images/create?FORM=GENEXP: para generar imágenes de forma gratuita con Dall-E.

https://openai.com/news/: para consultar la última información sobre OpenAI.

6. Enlaces Gemini

https://gemini.google.com/app: para acceder al Chat.

https://aistudio.google.com/app/prompts/new_chat: para acceder a los últimos modelos, en particular Gemini 1.5 Pro para tener 2M de tokens de contexto.

https://blog.google/technology/ai/: para obtener la información más reciente sobre las innovaciones de Google en materia de IA.

7. Enlaces Mistral

https://chat.mistral.ai/chat: para acceder al Chat.

https://mistral.ai/fr/news/: para obtener la información más reciente sobre Mistral.

8. Enlaces Perplexity

https://www.perplexity.ai/: para acceder al Chat.

https://www.perplexity.ai/hub: para obtener la información más reciente sobre Perplexity.

9. Enlaces Claude

https://claude.ai/new: para acceder al Chat.

https://www.anthropic.com/news: para obtener la información más reciente sobre Claude.

10. External Softwares Links

https://www.jasper.ai: enlace a Jasper AI. Asistente de escritura que utiliza la IA de ChatGPT.

https://quillbot.com: enlace a Quillbot, corrector ortográfico avanzado.

https://tldv.io/fr/: enlace a Tl;dv, transcripciones de reuniones y resúmenes con IA.

https://www.noota.io/fr: enlace a Noota, transcripciones de reuniones y resúmenes con IA.

https://creator.voiceflow.com: enlace a Voiceflow, la herramienta que utilizo para crear Chatbots.

https://gamma.app/: enlace a Gamma, la mejor herramienta para crear diapositivas, ¡vale la pena probarla!

https://elevenlabs.io/: enlace a Elevenlabs, el mejor IAG para audio.

11. Otros sitios

Ahora que ya hemos visto los enlaces que hay en mi libro, aquí le dejo algunos sitios web muy valorados que pueden enseñarle a utilizar la IA y ayudarle a orientarse en sus usos.

Hugging Face

Hugging Face (https://huggingface.co/) se describe como «el principal proveedor de modelos de transformadores» centrados en el procesamiento del lenguaje natural (NLP). El sitio web ofrece una serie de modelos preentrenados, como GPT-3, Ro-BERTa y BERT, que los desarrolladores de aplicaciones pueden utilizar para entrenar fácilmente sus propios modelos personalizados.

También ofrecen LLM (Mistral, LLama) que cualquiera puede utilizar fácilmente.

TensorFlow

TensorFlow (https://www.tensorflow.org/?hl=es) es una plataforma de aprendizaje automático integral y de código abierto desarrollada por el equipo de Google Brain. Ofrece una serie de bibliotecas y módulos que facilitan a los principiantes la creación de modelos de aprendizaje automático.

El sitio web no solo se centra en ChatGPT sino en el desarrollo de chatbots en general, lo que podría ser una buena herramienta para los principiantes que buscan una guía todo en uno para construir chatbots. A través de la búsqueda en Google podría aprender sobre modelos de transformación como BERT y T5, o incluso entrenar su propio modelo personalizado con las API. TensorFlow 2.x.

OpenAI

OpenAI (https://openai.com/) es una de las principales empresas de inteligencia artificial del mundo. Fundada en diciembre de 2015 por Elon Musk, CEO de Tesla, y Sam Altman, CEO de YCombinator, para promover avances punteros en tecnología de aprendizaje profundo.

Su Generative Pre-training Transformer versión 4 (GPT-4) ha sido noticia en los últimos tiempos por sus increíbles capacidades de lenguaje natural. Sin embargo, también han proporcionado algunas herramientas en línea para que los desarrolladores jueguen con GPT-2, GPT-3 y desarrollen sus propios modelos.

OpenAI proporciona documentación fácil de entender, incluso para los que no conocen ChatGPT. Además, ofrecen una herramienta Playground en la que los usuarios pueden interactuar con el modelo preentrenado introduciendo texto y observando sus respuestas. Esto permite a los desarrolladores o propietarios de empresas explorar la potencia de la IA de procesamiento de lenguaje sin ningún proceso de instalación en línea.

Papers With Code

Papers With Code (https://paperswithcode.com/) es un conocido sitio web centrado en artículos de investigación sobre IA y aprendizaje automático. Su característica única es que cada artículo revisado va acompañado de una implementación de código en plataformas populares como TensorFlow o PyTorch, etc.

También tienen un segmento sobre investigación en procesamiento del lenguaje natural donde se puede acceder a código relacionado con diferentes modelos secuenciales como los mecanismos de atención en GRU/LSTM o transformadores Encoder-Decoder como el BERT/T5.

Ediciones ENI

Ediciones ENI (https://www.ediciones-eni.com/) se han hecho un nombre en el panorama editorial como punto de referencia clave para los profesionales y entusiastas de la informática. Su experiencia va mucho más allá de la simple publicación de libros y abarca un ecosistema completo de recursos educativos adaptados a la era digital.

En el centro de su oferta se encuentra una innovadora plataforma de aprendizaje electrónico, diseñada para satisfacer las necesidades de un público diverso, desde principiantes a expertos, desde usuarios de ofimática a expertos TI, pasando por diseñadores gráficos, especialistas en marketing y usuarios de CAO/DAO.

Esta plataforma se caracteriza por su flexibilidad y personalización, lo que permite a cada alumno progresar a su propio ritmo y en función de sus objetivos específicos.

Udemy

Udemy (https://www.udemy.com/es/) es una plataforma online con miles de cursos que puede aprender bajo demanda. Ofrecen tutoriales desde niveles básicos hasta avanzados impartidos por profesionales del sector, incluyendo el uso de ChatGPT, dada su popularidad hoy en día en todo el mundo.

La estructura de los cursos Udemy consiste en lecciones de vídeo complementadas con material de lectura adicional y cuestionarios opcionales. Sin embargo, los precios varían considerablemente en función de la calidad/caché del proveedor de contenidos.

Coursera

Coursera (https://www.coursera.org/) se asocia con destacadas instituciones de enseñanza superior para ofrecer cursos de calidad a miles de personas de todo el mundo sobre diversas materias a través de una amplia gama de cursos en línea. La plataforma ofrece una serie de cursos sobre IA y GPT, que pueden ser muy útiles para aquellos que buscan aprender las características de ChatGPT.

Coursera proporciona a los alumnos vídeos, cuestionarios y proyectos alternativos junto con trabajos revisados por compañeros en un esfuerzo de colaboración.

Los costes de Coursera pueden variar entre 30 y 150 dólares en función de la duración y el nivel de implicación que requiera. Los cursos con un feedback más personalizado cuestan más que los cursos de autoformación en línea.

Stack Overflow

Stack Overflow (https://stackoverflow.com/) es una de las mayores comunidades en línea de programación informática, donde programadores de todo el mundo interactúan, plantean preguntas y proponen soluciones a distintos retos de programación. La plataforma ofrece una gran variedad de temas relacionados con ChatGPT para explorar.

Los sitios web que necesitará en su aprendizaje:

- EdX
- Machine Learning Mastery
- Stanford University AI Lab
- DeepLearning.AI
- MIT OpenCourseWare
- Kaggle
- The Association for the Advancement of Artificial Intelligence (AAAI)
- NVIDIA Deep Learning Institute
- IBM Watson AI Academy
- Microsoft AI School
- Google AI Education
- Fast.ai

Lista de sitios web sobre IA que me gusta utilizar

- OpenAI (https://openai.com/)
- AI News (https://www.artificialintelligence-news.com/)
- AITopics.org (https://aitopics.org/)
- IEEE Spectrum AI (https://spectrum.ieee.org/topic/artificial-intelligence/)
- TechCrunch AI (https://techcrunch.com/category/artificial-intelligence/)
- Wired AI (https://www.wired.com/category/artificial-intelligence/)
- AI Weekly (https://www.wired.com/category/artificial-intelligence/)

- Google AI Blog (https://ai.google/latest-news/)
- NVIDIA Developer Blog: AI (https://developer.nvidia.com/blog/category/generative-ai/)
- MIT Technology Review - Artificial Intelligence (https://www.technologyreview.com/topic/artificial-intelligence/)
- IBM Watson (en francés) (https://www.ibm.com/fr-fr/watson)
- DeepMind Blog (https://deepmind.google/discover/blog/)
- Microsoft AI News (https://news.microsoft.com/ai/?msockid=1ab22dd31f75636507fb39501ecc6285)
- DataRobot (https://www.datarobot.com/)
- Stanford University - Human-Centered AI Institute (HAI) (https://hai.stanford.edu/)
- AWS Machine Learning Blog (en francés) (https://aws.amazon.com/fr/blogs/machine-learning/)
- Accenture (https://www.accenture.com/es-es)
- Facebook AI Research Blog (https://ai.meta.com/blog/?page=1)
- TensorFlow (https://www.tensorflow.org/?hl=es)
- Towards Data Science (https://towardsdatascience.com/?gi=68dd8d688a9b)
- DeepLearning.ai (https://www.deeplearning.ai/)

Los libros pueden proporcionar un análisis en profundidad y la comprensión de temas complejos, los vídeos ofrecen elementos visuales que facilitan la comprensión de los conceptos, y los blogs permiten aprender a su propio ritmo con contenidos interactivos que le permiten poner en práctica lo aprendido. Utilizando estos tres modos de aprendizaje, podemos acelerar nuestra comprensión y mejorar nuestras capacidades cognitivas generales. Ya hemos visto los libros y los blogs, pasemos ahora a los vídeos:

Canales YouTube sobre IA

- Almera: mi canal YouTube (en francés), en el que encontrará tutoriales sobre IA generativa y ¡grandes ofertas!
- Siraj Raval: es un divulgador de contenidos técnicos relacionados con la ciencia, en particular la IA.
- Lex Fridman: realiza entrevistas de más de dos horas con personalidades de diversos ámbitos.
- Machine Learning Street Talk: excelente podcast de AI en Spotify, disponible en YouTube.
- DeepMind: canal oficial de Google DeepMind.
- Sentdex: como ellos dicen: aprende sobre aprendizaje automático, finanzas, análisis de datos, robótica, desarrollo web, desarrollo de juegos y mucho más.
- AssemblyAI: cubre las últimas innovaciones en IA.
- AI Warehouse: cada vídeo es un clásico, por lo que realmente debe echarle un vistazo.

- The Coding Train: tiene mucho contenido sobre IA/Machine Learning.

Canales YouTube específicos a ChatGPT

- Goda Go: vídeos en profundidad sobre los aspectos técnicos de ChatGPT y la IA en general.
- Fireship: excelente canal con vídeos muy valiosos sobre codificación e IA en general.

https://www.youtube.com/@futurepedia_io: un ejemplo de canal de YouTube relativamente nuevo que se ha lanzado a crear contenidos sobre IA. Hace unos vídeos estupendos sobre diversas herramientas y trucos de IA que puede probar.

AI Andy: uno de mis canales favoritos de AI: excelentes vídeos sobre temas de actualidad, muy útiles, mucha información diferente, siempre muy rápidos.

Ai Explained: el mejor canal de YouTube cuando se trata de investigación documental, información compleja y temas más avanzados. Explica, por ejemplo, por qué GPT4o es más eficaz mostrando análisis estadísticos realizados por investigadores, y da ejemplos concretos y nunca vistos.

10X INCOME: Canal muy inspirador que pasa vídeos básicos sobre cómo ganar dinero con GPT, hay que probarlo. Él muestra sus resultados en videos sobre diversas empresas de IA.

Prompt Engineering: vídeos avanzados sobre ingeniería rápida (¡por supuesto!) y Chatbots.

All About AI: prompt Engineering y AutoGPT.

Matt Wolfe un hombre muy simpático que da muchas noticias sobre IA. Uno de los mayores canales "ChatGPT" que existen.

Utilizando estos sitios web, podrá comprender mejor la IA y sus distintas aplicaciones en todos los sectores de actividad. Tanto si es un principiante como un experto en IA, estoy seguro de que esta lista le resultará útil.

Al escribir este libro, *IA y generación de texto*, he querido capturar y transmitir la transformación que la inteligencia artificial generativa está trayendo a nuestra vida cotidiana. Los descubrimientos que hemos hecho juntos a lo largo de los capítulos dan testimonio de la profundidad y riqueza de este campo en plena efervescencia.

Me gustaría volver por un momento sobre el camino que todo esto me ha permitido recorrer. Sin la inteligencia artificial, es muy probable que yo hoy estuviera en algún lugar de Europa, negociando opciones y tirándome de los pelos. Esta actividad, aunque a veces es apasionante, está a años luz de las experiencias vitales que he podido vivir desde que creé mi empresa. La IA ha hecho mucho más que cambiar mi trayectoria profesional: ha reescrito las reglas del juego para mí y para muchos otros.

Gracias a la inteligencia artificial, he podido desarrollar mi empresa a un ritmo mucho más sostenido de lo que jamás hubiera imaginado. Al automatizar tareas cotidianas (respuestas a correos electrónicos, desarrollo de contenidos para redes sociales) y optimizar procesos completos (búsqueda documental o incluso contratación), la IA me ha proporcionado el tiempo y los recursos necesarios para innovar de verdad. He visto cómo se perfilaba ante mis ojos un futuro diferente, una empresa que evoluciona al unísono con los avances tecnológicos, impulsada por una potencia nunca imaginada.

Este libro refleja mi pasión por esta tecnología y mi deseo de que el mayor número posible de personas se abra a estas nuevas posibilidades. La IA es una tecnología revolucionaria, pero solo será verdaderamente transformadora si es accesible y comprensible para todos. Por eso dedico tanto tiempo y energía a desglosar conceptos complejos, descomponer ejemplos prácticos y evocar casos de uso concretos, ya sea en este libro o cuando imparto formación para mi organización.

La inteligencia artificial tiene un potencial increíble, pero también requiere un uso consciente y ético. A medida que avanzamos hacia horizontes aún más innovadores, debemos tener siempre presentes las implicaciones sociales y éticas de estas tecnologías. La transparencia, la responsabilidad y la benevolencia deben guiar cada paso de nuestra interacción con la IA.

Llevar a cabo esta exploración también me ha abierto los ojos a una verdad fundamental: aún nos encontramos en los albores de una nueva era. La IA generativa seguirá evolucionando, superando sus propios límites y abriendo nuevas fronteras inimaginables. Y en esta emocionante aventura, cada usuario tiene un papel fundamental que desempeñar.

Mi ambición con este libro también era inspirar a una nueva generación —investigadores, desarrolladores, creadores y entusiastas— a imaginar cómo podría ser un futuro en el que nuestra inteligencia no solo se viera amplificada por la de las máquinas, sino armonizada con ella. En esta visión, la IA no es una simple herramienta, sino un socio diseñado para enriquecer nuestra experiencia humana.

Al terminar este libro y comenzar su propia exploración del mundo de la inteligencia artificial, recuerde que la verdadera innovación reside en la fusión entre la tecnología avanzada y la creatividad humana. Utilice este conocimiento para soñar en grande, innovar sin descanso y contribuir positivamente a nuestro futuro.

Gracias por compartir este viaje intelectual conmigo. Bienvenido a un mundo en el que la inteligencia artificial no es solo un avance tecnológico. Es una revolución cultural lista para redefinir cada aspecto de nuestras vidas.

Con todo mi agradecimiento,

Mickaël Bertolla

Fundador de Almera Formation y experto en IA generativa

Quiero expresar mi más sincero agradecimiento a todas las personas e instituciones que han hecho posible la realización de este libro, *IA y generación de texto*.

En primer lugar, quiero expresar mi más sincero agradecimiento a Éditions ENI por la confianza y el privilegio que me han concedido al proponerme escribir esta obra. Esta colaboración marca un punto de inflexión significativo en mi trayectoria profesional y personal, y les estoy profundamente agradecido.

Tampoco olvido el impacto que tuvo en mí uno de los libros de esta misma editorial, De C a C++, que me acompañó durante mis estudios en la escuela de ingeniería. Este libro me ayudó a comprender mejor los mecanismos de los lenguajes de programación y a prepararme para los retos de la ingeniería de software. Espero que *IA y generación de texto* pueda, a su vez, ser un recurso valioso para sus lectores.

También quiero expresar mi especial agradecimiento a Corinne Hervo, responsable editorial de Éditions ENI. Nuestro encuentro fue decisivo para la materialización de este proyecto. Nuestras conversaciones me permitieron darme cuenta rápidamente de que compartíamos una visión común: hacer accesible a todos la comprensión de las nuevas tecnologías y su impacto en nuestra vida cotidiana. Gracias, Corinne, por tu confianza y tu apoyo.

Quiero expresar mi agradecimiento a mi familia, cuyo apoyo incondicional me ha permitido llevar a cabo este proyecto y, en general, mi aventura empresarial. Vuestro constante aliento me ha dado la fuerza para perseverar durante estos dos años de emprendimiento, experimentación con la IA, aprendizaje y colaboración con los actores del sector.

Por último, quiero dar las gracias a todos los expertos en la materia con los que he tenido el privilegio de colaborar, así como a todas las personas que han contribuido, directa o indirectamente, a la realización de esta obra. Su experiencia, sus ideas y sus comentarios han sido de gran ayuda.

Este libro pretendía ser accesible para todos y agradable de leer. Espero sinceramente que haya cumplido con sus expectativas y le inspire en su propia exploración de este campo en pleno auge.

C

CHATGPT
Consejos y trucos....90
Decubrir....81
Descubrir....86
Ejemplos....91
For Google....158
Generador de prompts....111
Oferta de empleo....122
Personalizar....133
Referencias....221
Superpower....163
Ver también GPT

CLAUDE
Historia....63
Presentación....148
Puntos claves....67
Recursos....225
Referencias....223

CREACIÓN DE CONTENIDO
Actas....121
Análisis de propriedades con Excel...122
Blog....117
Artículos de prensa....115
Canciones y poesía....119
Carta de presentación....123
Carta jurídica....123
Contexto y objetivos....115
Discurso de boda....123
Emails....121
Ensayo....116
Finanzas....123
Guion....123
Guiones y diálogos....118
Historias....117
Oferta de empleo....122
Opinión cliente....124
Tesis....118
Texto a un amigo....124
Traducción....123
Videojuegos y narraciones....119

D

DALL-E
Generación de imágenes....25

DISCORD
Ayuda sobre prompts....104

E

EDUCACIÓN
Competencias futuras....128
Equidad....127
Futuro....172
Para los docentes....128

ÉTICA
Problemas y soluciones....201

G

GEMINI
Análisis de documentos financieros....123
Gems personalizados....147
Historia....46
Instrucciones del sistema....148
Recursos....225
Referencias....222

GPT
Crear 177
Futuro 174
Historia 31
Modelos 31
Para Sheets y Docs 74
Usar simultáneamente 184
Versión 4 35, 40, 41, 44
Ver también CHATGPT

GROQ
Presentación 149

I

IA
Algoritmo 11
Arte y entretenimiento 118
Aspectos legales y normativos 202
Biología y medicina 168
Buenas prácticas 150, 151
Claude 63
Climatología 169
Comparativo 74, 75
Contexto y desafíos 167
Desafíos éticos y sociales 201
Desafíos y oportunidades 205
Educación 172
Empresas líderes 26
Ética 213
Física teórica 168
Futuro 212
Gemini 46
Generativa 19
GPT 31
Histórico 11
Impacto en el empleo 205
Industria 171
Interdisciplinariedad 167
Investigación y desarrollo 128
Límites 153
Marketing 120
Matemáticas 167
Mistral 54
Modelos transformadores 15
Nueva norma 204
Otras aplicaciones 187
Para la educación 127
Periodismo 115
Perplexity 51
Personalizar 133
Perspectivas 214
Plug-ins 154
Privacidad 215
Proyectos innovadores 25
Puntos clave e innovaciones 211
Redacción profesional 121
Redes neuronales 12
Salud 216
Servicio atención al cliente 214
Sesgos 215
Tendencia e impactos 204
Y Empleo 215
Ver también CHATGPT, CREACIÓN DE CONTENIDO, MODELOS DE LENGUAJE, OPENAI

IMAGEN
DALL-E 25

L

LEGISLACIÓN
IA y la legislación 202

LLM
Ver MODELOS DE LENGUAJE

M

MARKETING
Campañas publicitarias 120
Storytelling 120

MIDJOURNEY
Otras aplicaciones 187

MISTRAL
Historia 54
Presentación 25
Recursos 225
Referencias 223

MODELOS DE LENGUAJE
Comparativo 75
LLM 16
Precio 76
Ver también IA

MÚSICA
MusicLM 26

O

OPENAI
Foros 107
Funcionalidades 68
Playground 72
Recursos 225

P

PERPLEXITY
Accesibilidad y versiones 53
AI Companion 161
Características 140
Funcionamiento 53
Funciones 52
Perplexity Pages 53
Personalizar 141
Recursos 225
Referencias 223
Usar 140

PLUG-IN
AIPRM 162
ChatGPT for Google 158
Companion 161
Grammarly 160
Merlin 156
Superpower ChatGPT 163
Text Blaze 157

PROMPT
Actúa como o Act as 108
Consejos 99
Ejemplos 91
Generador 111
Problemas técnicos 99
Ver también CREACIÓN DE CONTENIDO, PROMPT ENGINEERING

PROMPT ENGINEERING
Definición 100
Ejemplos 100
Foros de OpenAI 107
Learnprompting.org 103
Recursos 224
Use Discord 104
Ver también PROMPT